ELEMENTOS
DE
DERECHO PRIVADO
ROMANO

Primera edición: año 1959
Segunda edición: año 1975
Tercera edición: año 1992

Ediciones Universidad de Navarra, S. A. (EUNSA)
Plaza de los Sauces, 1 y 2. Barañáin-Pamplona (España)

ISBN 84-313-0402-2
Depósito Legal: NA 886-1992

Fotocomposición: TIMES —O.T.S.—

Imprime: LINE GRAFIC, S. A. Hnos. Noáin, s/n. Ansoáin (Navarra)

Printed in Spain – Impreso en España

D'ORS

ELEMENTOS DE DERECHO PRIVADO ROMANO

Tercera edición, enteramente reformada, en doce lecciones

EDICIONES UNIVERSIDAD DE NAVARRA, S. A.
PAMPLONA

ADVERTENCIA PRELIMINAR

Esta tercera edición de mis "Elementos" –primera redacción que se desarrolló luego como manual, con el título de "Derecho Privado Romano" (*DPR.*), hasta su octava edición–, no es una abreviación del texto anterior, sino una exposición, totalmente nueva, que se destina al estudio del Derecho Romano que la inclemencia de la época puede imponer en algunas universidades: no es un Derecho Romano abreviado, sino esencializado, aunque sea de manera trivial, con el que se pretende salvar aquel mínimo de educación jurídica que me parece del todo imprescindible para un jurista de cualquier momento. Con ese fin, se ha prescindido de la sistemática más o menos común en los manuales de nuestra disciplina, para distribuir las nociones más elementales con un criterio funcional, preferentemente sincrónico y no diacrónico –centrado en el derecho romano clásico–, y, por ello, más conceptual que histórico; esto explica que se insista en distinguir lo que no es romano, con el fin de evitar confusiones fáciles para un lector de hoy. A esta renuncia a la sistemática institucional se debe también el tratamiento de una misma noción, no en un lugar único, sino, según sus aspectos y conexiones con otras, en lugares distantes; después de todo, la experiencia docente muestra que es difícil conseguir un conocimiento mínimamente pleno de una institución en tanto no se conoce sus relaciones funcionales con las otras.

Si la extensión parece desproporcionada en consideración a la reducción de los datos, esto se debe a que se trata de lecciones, en las que siempre se explicita aquéllos con menos concreción que en un libro sistemático; a ello se debe también la ausencia de referencias a las fuentes y la de toda clase de notas.

El índice tópico, además del sumario inicial y de los frecuentes reenvíos dentro del mismo texto, puede servir para facilitar la localización de los temas. En todo caso, el lector deseoso de una más amplia información congruente debe acudir al *DPR.*, y a su amplio índice alfabético de materias.

Debo agradecer al Profesor Rafael Domingo su eficaz imprescindible ayuda.

Pamplona, febrero de 1992.

A.O.

SUMARIO DE LAS LECCIONES

LECCIÓN I
IDENTIFICACIÓN DEL "DERECHO ROMANO"

1. El "Derecho Romano" no es un conjunto de leyes, sino de **doctrinas**. Las leyes son siempre una expresión de la voluntad organizadora del que gobierna una comunidad humana, disposiciones de potestad; las doctrinas, en cambio, son expresión de la ciencia de unos conocedores especializados, declaraciones de autoridad. Precisamente por ser ciencia y no imperativos de gobierno, el "Derecho Romano" sigue siendo hoy el fundamento ejemplar del derecho, y, con ello, de la cultura de nuestro tiempo, a pesar de los muchos cambios de las circunstancias sociales a lo largo de los siglos. En esto se distingue precisamente la Ciencia del derecho de la Sociología, y de las Ciencias Sociales en general, incluyendo entre ellas la Economía; por eso las "Facultades de Derecho" pueden llamarse "de Jurisprudencia" y separarse de las "Facultades de Ciencias Económicas y Sociales".

2. La **Jurisprudencia** es la prudencia o ciencia del derecho. "Prudencia" es la virtud que sabe distinguir lo que se debe hacer, y "Jurisprudencia", lo que se debe hacer en derecho, que se dice "yus" (en latín, *ius*, y, en el genitivo "del derecho", *iuris*); es, así, la "prudencia del derecho". La virtud de la "Justicia", que procede de esa misma palabra "yus", es la de dar a cada uno lo suyo, pero sólo la "Jurisprudencia" nos indica qué es ese "suyo" que debe darse a cada uno, y, concretamente, cuando hay una controversia entre dos personas acerca de lo que les pertenece. Porque el Derecho, como la Medicina, son ciencias correctivas de unos desajustes concretos, el orden de lo justo o de la salud individual, respectivamente; les interesa encontrar solución a las infracciones de la normalidad de lo que es conveniente.

3. Los griegos, tan superiores a los más pragmáticos romanos en tantas ciencias y artes, nunca tuvieron una ciencia del derecho como la romana. Sus controversias se dirimían conforme a leyes dadas por los gobernantes y a los tópicos retóricos de los abogados. Por eso el genio griego, del que dependen tantas ciencias y técnicas de hoy, no presenta interés permanente para el derecho, y así se explica que no se estudie hoy el derecho griego, pero sí, desde hace muchos siglos, el romano, que conserva un interés permanente.

La distinción entre el **Oriente** griego, por un lado, y, por otro, no sólo Roma e Italia, sino las provincias de **Occidente** de lo que fue el Imperio Romano, dio lugar, en la época de decadencia de Roma, a una separación política entre ambas "partes". A principios del siglo IV de nuestra Era, el emperador Constantino, al que debió la Iglesia su libertad, fundó una Segunda Roma en la antigua ciudad de Bizancio, en Asia Menor, con el nombre de Constantinopla. A fines de ese mismo siglo, la separación entre la parte griega y la latina se consumó definitivamente. Cuando el año 476 desaparece Roma como capital del Occidente, dominado por los pueblos germánicos, quedando Roma tan sólo como centro de la Iglesia, la parte griega sobrevivió como **Imperio Bizantino**. Ya desde comienzos del siglo VIII, el Mediterráneo dejó de ser, por la invasión musulmana, un mar interno, para convertirse en una zona de distanciamiento de Africa, pero Bizancio desapareció, por la invasión turca, a mediados del siglo XVI, medio siglo después de haberse consumado la Reconquista cristiana de España, que redujo el Islam a Africa. La Segunda Roma cristiana se transfirió a Kiev (en Ucrania), y luego a Moscovia (en Rusia), como Tercera Roma. Este corrimiento de lo romano hacia el Noroeste eslavo puso en evidencia la debilidad de la consideración de Europa como "continente", que propiamente no es más que el occidente de Eurasia, a la vez que se había producido la ruptura con el continente africano.

4. La decisión en justicia de una controversia sobre lo que pertenece a las personas incumbe a un **juez**, que es la persona imparcial que declara su opinión o "sentencia" respecto al derecho: el que "declara el derecho" ("yudex" es el que "yus-*dicit*"). La Jurisprudencia es así la ciencia que debe ilustrar a los jueces para dar sentencias justas. Estos científicos del derecho se llaman también "jurisprudentes". El "Derecho Romano" es la expresión de la ciencia judicial de los jurisprudentes.

5. Antes de la decadencia romana, sin embargo, ni los jueces ni los abogados que defienden las causas en controversia son profesionales del derecho, y, por eso mismo, también ellos, así como los gobernantes, requieren el asesoramiento de los "prudentes". Hoy, el término general para designar a los profesiones del derecho es "**jurista**" (que también deriva de "yus"); es un término medieval que a veces se identifica con "legista", es decir, el profesional de las "leyes", a causa de cierta confusión, consumada en el mundo moderno, entre el "derecho" y la "ley", entre la ciencia y el gobierno. Para los ingleses, sin embargo, "law" no es la "ley", sino el "derecho", que ellos hacen consistir en las sentencias judiciales; también en esto demuestran conservar concepciones romanas.

El adjetivo "jurídico" (derivado también de "yus") se refiere al derecho en general, aunque en latín quería decir el que, como el juez, "declara lo que es derecho". En fin, la palabra "derecho" ha sustituido en las lenguas post-latinas a "yus", por influencia de la idea judeocristiana de que la justicia consiste en la "rectitud", más que en el equilibrio o "equidad". Por influencia eclesiástica, la equidad ha venido a entenderse como una mitigación "humana" de la justicia legal.

6. La ciencia del derecho se expresa ante todo en forma de "**respuestas**" a las "**cuestiones**" que se someten a los prudentes del derecho, pero nosotros, naturalmente, sólo las conocemos por haber sido recogidas en libros. A las respuestas de los prudentes pueden aproximarse las que, antes de la decadencia del derecho romano, daban los asesores del emperador con el nombre de "rescriptos" del mismo emperador reinante. Sólo en la época de decadencia los emperadores dieron "leyes" generales, que también fueron recogidas en libros. Porque todo derecho consiste en libros, aunque su contenido general puede ser muy diverso, y por eso el estudio del derecho puede llamarse "literario", pues consiste en palabras escritas y no en hechos; esto que también es cierto en la actualidad, lo es muchos más, evidentemente, para el estudio de la ciencia del derecho romano, ya que los hechos del pasado no son aprehendibles, ni, por ello, aprendibles, como sí pueden serlo los textos escritos.

Los prudentes romanos escribieron libros, y de los rescriptos imperiales se conservaba copia en los archivos imperiales, pero tanto aquéllos como éstos se han perdido con el tiempo, y sólo los conocemos, muy parcialmente, por colecciones que posteriormente se hicieron de aquellos libros jurídicos; a pesar de esa gran pérdida de libros, el caudal de la Jurisprudencia romana que se nos ha conservado es un tesoro incomparable de ciencia jurídica.

7 . El libro principal de la Jurisprudencia romana es el que se hizo oficialmente a principios del siglo VI después de Cristo, reinando el emperador bizantino Justiniano, con el nombre griego de "Pandectas" y el latino de "Digestos" o **Digesto**; ambas palabras significan lo mismo: "recopilación de textos ajustada por materias". Habían transcurrido tres siglos desde la desaparición de la última Jurisprudencia romana, pero aquel emperador, cuya lengua era el griego, quiso hacer una recopilación monumental del antiguo derecho latino y de las nuevas leyes imperiales, que se recogieron en un "Código", juntamente con los antiguos rescriptos; se llama *constitutiones* a todas estas decisiones imperiales. Se antepuso a ambas colecciones un libro de enseñanza elemental, llamado popularmente "la Instituta", o *Institutiones* en latín, que vino a ser como una nueva edición actualizada de otro manual que había escrito siglos antes un oscuro maestro de provincias, Gayo, que, con el tiempo, se había hecho famoso precisamente por la aceptación que su obra elemental había llegado a tener en las escuelas de derecho bizantinas. Estas tres obras –"Instituciones", "Digesto" y "Código"– componen el llamado "**Cuerpo del Derecho Civil**", al que se agregaron después las leyes posteriores del mismo Justiniano con el nombre de "Novelas" (es decir, "nuevas leyes"), generalmente griegas, por lo que en Occidente se empezaron a conocer por la versión latina de las llamadas "Auténticas".

Este "Cuerpo del Derecho" se convirtió, desde el siglo XII, en el libro jurídico de Occidente. De esta "Recepción" póstuma de la compilación de Justiniano deriva, en variada medida, toda la ciencia jurídica del Occidente, hasta las actuales codificaciones. Este "Cuerpo de Derecho Civil" es la obra jurídica más importante de todos los siglos.

8. El "Cuerpo de Derecho Civil" –al que había de contraponerse después otro "Cuerpo de Derecho Canónico" con los "cánones", es decir, las reglas de la organización de la Iglesia– contiene mucho más de lo que podemos entender como el "Derecho Romano" en el sentido en que nos referimos a él a efectos de nuestra enseñanza universitaria. Esta excedencia de su contenido es tanto por una razón temporal como por otra material o temática.

Por razón temporal, hay que tener en cuenta que esa compilación del emperador Justiniano, al ser del siglo VI, no sólo contiene leyes imperiales posteriores a la época de la Jurisprudencia romana, sino que también los mismos textos jurisprudenciales fueron a veces manipulados por los compiladores bizantinos con cambios que llamamos "interpolaciones", con el fin de adecuarlos en lo posible a las nuevas circunstancias; esto ha obligado a una labor crítica sobre esos textos, de los que pretendemos obtener la redacción original.

Aunque la Jurisprudencia romana propiamente dicha debió de existir, con sus fundadores, desde un siglo antes, la que conocemos mejor empieza aproximadamente con la Era Cristiana, aunque el Cristianismo no haya influido en ella, pues los jurisprudentes desaparecen en el segundo tercio del siglo III, cuando la religión cristiana era todavía perseguida, y lo había de seguir siendo durante casi un siglo, hasta que, como se ha dicho, consiguió su libertad gracias al emperador Constantino. Esa época de tres siglos en la que existió la Jurisprudencia romana se llama del "**derecho clásico**", pues es la época del derecho romano más perfecto, de "clase". Desde el segundo tercio del siglo III tenemos la época que llamamos "post-clásica" o de decadencia. Ya se puede comprender, sin embargo, que esta idea de decadencia no se refiere al mundo romano en todos sus aspectos, sino sólo a su Jurisprudencia; porque es evidente que hechos tan importantes para la historia universal como la libertad de la Iglesia y la fusión de la romanidad con los pueblos germánicos no encajan en esa idea de decadencia. Nuestro reducido concepto de lo clásico es similar, aunque todavía menos estricto, al que tienen los estudiosos de la literatura latina, que lo circunscriben a menos de un siglo, en tanto nuestra época clásica del derecho abarca tres siglos.

9. Esta **decadencia** del derecho romano no se presenta de la misma manera en todo el Imperio, pues en Occidente aparece como una falta de estilo a consecuencia de la pérdida de los antiguos libros y de la enseñanza jurídica –lo que llamanos "vulgarismo jurídico"–, en tanto en Oriente, donde se conservaban buenas bibliotecas, la cultura jurídica sobrevivió, pero de manera escolástica y sin la libertad y estilo de la Jurisprudencia clásica.

Es en el Digesto, como se ha dicho, donde se conservan los textos de los juristas clásicos seleccionados por los compiladores bizantinos, pero esta selección resultó favorable, no a los juristas clásicos de más categoría, sino a los últimos, de principios del siglo III, no tanto por la razón de estar menos anticuados cuanto por el hecho de que sus obras, más extensas, recogían muchas referencas a los jurisconsultos clásicos anteriores, aunque los bizantinos tendieron a eliminar las discrepancias doctrinales entre ellos, pues, desde el nuevo punto de vista legislativo, parecía intolerable que las soluciones jurídicas fueran contradictorias, como inevitablemente lo son en cualquier ciencia de autoridad doctrinal, y lo siguien siendo hoy en la doctrina de los jueces, a pesar de verse éstos sometidos a unas normas legales únicas, incluso en tribunales centrales únicos.

Resulta, a consecuencia de la selección bizantina del Digesto, que los juristas clásicos de mejor clase no son precisamente los más conocidos por nosotros, ni los más famosos desde la decadencia, pero las referencias que en los textos de estos epígonos se hacen de los clásicos anteriores permiten ver algo de la superior categoría de esos clásicos más antiguos.

10. Otra excedencia del contenido del "Cuerpo de Derecho Civil" respecto al derecho romano que hoy nos interesa se debe a una consideración material o temática, y consiste en que los bizantinos recogieron, a la vez que materias de derecho **privado**, otras que no interesaban tradicionalmente a los prudentes romanos: lo que llamanos hoy "derecho **público**", como es todo lo relativo a la organización burocrática, característica de la época de la decadencia, al derecho criminal, a la exacción de contribuciones, etc. Estas materias ocupan una parte principal en la legislación imperial, pero también los mismos juristas clásicos más tardíos, al hallarse como asesores de la cancillería imperial, tuvieron que interesarse por estos temas sobre los que el emperador tenía que tomar decisiones de gobierno. Precisamente a uno de estos últimos clásicos aparece atribuida en el Digesto esta definición: "derecho público es el que respecta el orden social (*status rei publicae*), y privado, al uso de los particulares (*utilitas privatorum*)". Esta nueva definición por razón de materias se superpone entonces a la más tradicional de que "público" es el derecho que todos pueden conocer, y "privado", el que las personas hacen más reservadamente entre sí, pero sin poder defraudar aquel otro público.

Este derecho público recogido en el "Cuerpo de Derecho Civil" excede del interés del jurista de hoy, pues se halla totalmente condicionado por una realidad de organización social hoy anacrónica.

Es más, puede decirse que, así como la estructura del gobierno republicano, anterior a la Era Cristiana, no deja de tener cierto interés, aunque no sea propiamente jurídico, todo el derecho público de la decadencia resulta sin interés para la formación de un jurista de hoy.

También es llamativa la inepcia de los Romanos de todas las épocas para constituir un derecho criminal medianamente aceptable, y esto se debe al condicionamiento político, y, en todo caso, extrajurídico a que se halló sometido el sistema de castigo de los criminales. Los penalistas modernos pueden prescindir del estudio de esa parcela del mundo romano.

11. Nuestra asignatura se titula "Derecho Privado Romano" porque lo que interesa al jurista moderno es precismaente la labor jurisprudencial sobre los **conflictos patrimoniales** entre particulares, y que debían resolver jueces también privados, informados por prudentes igualmente privados. Esta era la temática propia de la tradición jurisprudencial, a la que, como se ha dicho, sólo en los últimos juristas se une cierto interés por temas del derecho público, en razón de su actividad como asesores de la cancillería del emperador.

Así, se trata del derecho privado de Roma, concretamente de su jurisprudencia clásica, y no de una parcela privada del ordenamiento romano total: no de "Derecho Romano Privado". En este sentido, puede decirse que la enseñanza del "Derecho Romano" que nos interesa no es una asignatura histórica, sino un primer acceso al estudio del **Derecho Civil**, que, completado con otras materias de derecho privado y culminado por el derecho privado internacional, constituye el estudio troncal para la formación de un jurista actual, sea cual sea la actividad profesional especializada que vaya a desarrollar en el futuro.

12. Antes de concluir esta primera lección en la que se ha tratado de explicar qué es eso que llamanos "Derecho Romano" como asignatura de los estudios de la Facultad de Derecho, conviene hacer una última reducción del concepto.

En la lección siguiente se trata del marco social histórico en que se alojó la Jurisprudencia clásica, y nos referiremos allí a la conjunción de lo personal y lo territorial, y, en especial, a la posición especial de la "*Urbs*" por excelencia, es decir, la ciudad de Roma. Pero conviene advertir aquí que el derecho romano que vamos a explicar no es un ordenamiento de todo el amplio mundo romano, sino exclusivamente **urbano**. Esto se comprende por el hecho de que los jurisconsultos romanos clásicos vivieron todos en la Urbe, aunque algunos de los últimos fueran nativos de zonas lejanas del Imperio. Ya se ha hecho referencia al caso especial de Gayo, que no parece haber actuado como prudente de la Ciudad, sino como maestro de derecho en una provincia; por eso mismo, sus contemporáneos no le tomaron en consideración, ni probablemente llegaron a conocer, pues no nos dejaron su nombre completo; sin embargo, por la excepcional información que nos dan los apuntes de sus lecciones –único libro doctrinal conservado casi íntegramente, por haber sido muy reproducido como libro de texto–, solemos contarle entre los clásicos.

Además de la reducción urbana de la Jurisprudencia, y en relación con ella, los órganos públicos que de algún modo intervienen en la vida del derecho privado son también de la Urbe. Las formas públicas de enunciar el derecho –las que llamamos "fuentes"– eran también propias de Roma, como se verá en la lección siguiente.

Una cierta extensión de ese ordenamiento urbano pudo darse en todo el territorio de Italia, pues la vida jurídica de la Urbe irradiaba, dentro de ciertos límites, por todo aquel territorio, que no fue considerado "provincial" hasta la época de la decadencia.

El magistrado de Roma llamado "pretor" intervenía en todos los juicios de Italia, con excepción de unos pocos de menor importancia que se dejaban a los magistrados municipales; también por convenio de los que pleiteaban podían éstos intervenir en sus controversias; pero, en todo caso, se reservaba el pretor el último control de esa actividad judicial de los municipios.

13. En el extenso ámbito de las provincias –desde Hispania a Arabia, desde Mauritania a Germania, desde Britania a Egipto (esta última empezó por ser un patrimonio imperial antes de ser provincia)– no se vivía el derecho que podemos abstraer de los textos clásicos. La justicia dependía en las **provincias** del poder de sus gobernadores, que, asesorados por expertos locales, imitaban algo el derecho de la Ciudad, pero tramitaban los juicios de manera distinta a la habitual en Roma e Italia, y también aplicaban modos de vivir el derecho particulares de cada provincia, en lo que, naturalmente, podía haber grandes diferencias: entre provincias, como las griegas, con una fuerte tradición cultural, y otras en las que la resistencia de costumbres locales debía de ser mínima. Pero sobre esa realidad del derecho de las provincias no tenemos información, excepto para Egipto, cuya singular conservación del material escrito en hojas fabricadas con fibras resecadas de papiro nos suministra una información minuciosa, en la que no faltan datos para ver qué diferente del propiamente romano era el derecho que allí se practicaba.

Los mismos rescriptos con los que los emperadores, a partir de Adriano, respondían a cuestiones muy varias, y, en parte también jurídicas, como podemos ver sobre todo en la colección del mencionado

Código de Justiniano, se dirigían casi en su totalidad a la práctica jurídica provincial, y por ellos comprobamos el esfuerzo del poder central por remitir al derecho urbano como modelo adaptable a la práctica judicial de las provincias.

14. Así, pues, el Derecho Romano es sólo el derecho de la Urbe, y precisamente el de los tres siglos centrales de su historia. El mismo apelativo de "civil", que se conserva hoy, alude a esa reducción local más que a la condición personal de los ciudadanos romanos de todo el Imperio, pues nada nos prueba que, en la práctica del derecho privado, los gobernadores provinciales observaron un régimen jurídico especial para ellos. El principo de que cada persona debe regirse por el derecho de su origen no dejó de tener cierta observancia en algunos momentos y zonas del mundo antiguo, pero, para una visión total de la historia del derecho, este principio es típicamente de los germanos Francos; una consideración técnica especial ha tenido luego, como "estatuto personal", en el derecho privado internacional.

Cuando se habla de "**derecho de gentes**", naciones (*ius gentium*), no se trata de algo distinto del derecho de Roma, aunque se contraponga al *civile*, sino de aquel derecho siempre romano pero que, por hallarse menos vinculado a antiguas formas cuasireligiosas exclusivas de los antepasados, se consideraba como aplicable a los juicios con extranjeros o entre ellos; propiamente era el derecho civil accesible a los extranjeros. Ese término vino a significar, con el tiempo, el derecho relativo a la guerra y la paz, es decir, el moderno "Derecho Público Internacional".

Como derecho de la capital, el derecho civil de los Romanos era estimado como el "civilizado", y, en efecto, para los siglos posteriores hubo de ser considerado como la "cultura jurídica". La enseñanza elemental de ese derecho culto ha sido la "institución" o "instrucción" de las sucesivas generaciones de juristas, pero el nombre de "**instituciones**" se ha dado también a cada uno de los temas que componen de manera constante el programa de esa enseñanza, y, por extensión, a las mismas materias abstractas correspondientes; por eso se dice que la tutela de los huérfanos, el contrato, la propiedad, los regalos nupciales, etc., son "instituciones". Esa misma permanencia temática de las instituciones del derecho ha influido en el uso de la palabra "instituto" para significar algunos centros sociales –no exclusivamente de enseñanza– caracterizdos por ser establecidos como permanentes.

15. Algunos juristas romanos escribieron libros elementales con el título de "Instituciones", de los que la mencionada (supra 7) "Instituta" de Justiniano vino a ser la culminación, por la que el género había de perpetuarse. El **orden de materias** que prevaleció en este género didáctico era muy vago, pues distinguía lo referente a la situación de las "personas", luego a las "cosas", donde entraba todo lo relativo a los actos jurídicos de toda clase, y, finalmente, las "acciones", sobre la tramitación de los juicios, de lo que poco podía decir ya Justiniano, cuando habían desaparecido las acciones típicas (III 7).

En general, los jurisconsultos, preocupados por la solución de casos y no por las instituciones, daban poca importancia al orden de materias. Muchos libros comentaban las acciones en el orden nada sistemático que encontraron en un libro llamado "Edicto", del que se hablará en el siguiente capítulo (II 13). La idea de "sistema institucional" es post-romana, y la hoy usual, también entre los tratadistas de derecho civil moderno, con pocas variantes, procede de la ciencia alemana del siglo XIX, que seguía fundada en el derecho romano, todavía vigente allí, pero en una forma muy modernizada, con el nombre de "Derecho de Pandectas". No lo seguiremos en este libro, que agrupa las nociones con un criterio muy distinto.

16. Como conclusión de esta primera lección sobre la identificación del "Derecho Romano", resulta imposible definir "qué es", pero sí me atrevo a dar, del "cómo es" el derecho privado romano que nos interesa, la siguienre definición:

"Conjunto de acciones litigiosas personales, protegidas por la potestad pública, para resolver controversias patrimoniales de los particulares conforme a un orden de libertad civil aconsejado por la autoridad de juristas privados y observado por la de unos jueces también privados".

Para que resalte mejor el contraste con el concepto estatal moderno, en el que autoridad y potestad se confunden, y el derecho con la ley, añado esta otra definición del derecho privado actual:

"Sistema de normas impuestas por la autoridad del poder legislativo para enunciar unos derechos subjetivos que debe defender el poder de la autoridad judicial de los tribunales civiles, en su función general de administrar justicia".

Este esencial contraste entre lo romano y lo moderno debe tenerse siempre presente para comprender todas las nociones elementales que se irán exponiendo a lo largo de este breve libro. Entiendo que, para la formación de un jurista moderno, es muy importante comprender lo que hay de diferente en un derecho que es fundamentalmente permanente.

LECCIÓN II
EL MARCO SOCIAL HISTÓRICO

1 . Aunque el derecho romano sea el producto de la ciencia de unos juristas privados, éstos no podían prescindir para su oficio de un conjunto de **datos naturales y sociales** que no dependían de ellos, pero que ellos tenían que tener muy en consideracion para ajustar su doctrina a la realidad práctica del contorno social.

Algunos de estos datos les venían impuestos por la misma naturaleza de las cosas; por ejemplo, que el dinero sirve para gastarse, o que para la procreación se requiere cierta edad matrimonial; otras veces, son datos éticos de la tradición romana, como el de la monogamia, la inexistencia de un vínculo matrimonial que se pueda contraer o resolver, la fuerza de los juramentos, el poder permanente del padre sobre sus hijos, la existencia de servidores patrimoniales, es decir, esclavos, etc. Estos datos determinan la configuración de las soluciones concretas de la doctrina jurisprudencial, e implícitamente hay que referirse a ellos al hacer una exposición institucional del derecho privado romano.

Otros datos importantes para los juristas vienen determinados por la estructura constitucional de la sociedad en que aquéllos viven. Son datos que pueden variar a consecuencia de los cambios en los órganos de gobierno, y cuya alteración no deja de tener algunas consecuencias, aunque sean indirectas y no-inmediatas en el tiempo, para la doctrina jurisprudencial; hay que pensar, por ejemplo, en la existencia de algunas leyes cambiables, que los juristas deben tener en cuenta para que los jueces puedan dar sentencias convenientes.

2. Estos **datos constitucionales** que se imponen al jurista, como aquellos otros naturales o éticos, se refieren a la manera de ordenar la vida pública, de lo que depende la producción del orden social, es decir, las metafóricamente llamadas "**fuentes**" del derecho, aparte la principal, que es la Jurisprudencia; en relación con esta estructura ordenadora está la forma de tramitar los conflictos jurídicos, concretamente, el poder de ordenarlos para que sean juzgados, y de imponer luego el cumplimiento de las sentencias dadas por los jueces privados.

La presente lección se refiere al marco constitucional de la sociedad vivida por los juristas clásicos; y la siguiente (III), a la coordinación del poder público con la justicia privada.

3. Los Romanos superaron la concepción típicamente griega de que su identidad como pueblo dependía de la existencia actual de una determinada ciudad o *polis* –de donde "política" y "policía"–, y llegaron a concebir su propia comunidad como el conjunto de personas con un nombre de estirpe romana, vivieran donde vivieran; esta concepción personalista y no estrictamente local es la que hizo posible el gran Imperio Romano, cuyos límites nunca fueron muy fijos, pues dependían de la mayor o menor resistencia de los enemigos exteriores. Esto explica también que de la denominación de "ciudadano" (*civis*), aunque parezca paradójico, derive la de "ciudad" (*civitas*), que, en derecho, llega a significar "**ciudadanía**" personal, y sólo secundariamente la ciudad local. Sin embargo, la estructura constitucional que se impone a los juristas romanos, todos ellos urbanos (I 12), es la propia de la ciudad de Roma, aunque de ella pueda depender secundariamente la organización de todo el Imperio. En cierto modo, el modelo de Roma se procuraba reproducir en las otras ciudades, del mismo modo que, como se ha dicho (I 13), el derecho urbano tenía cierta irradiación en la práctica jurídica de las provincias.

A los **ciudadanos** Romanos, que son propiamente los hombres "libres", se contraponen los que no lo son, cuya organización política, sometida a reyes, dista mucho del concepto romano de "**libertad**" (*libertas*), pero cuya libertad, en todo caso, no es equiparable a la de los Romanos; de ahí que sólo muy excepcionalmente, y como novedad, se llegue a admitir una extranjería con *libertas*. Los mismos esclavos, cuando alcanzan la libertad, por la concesión de sus dueños, de la que se hablará más adelante (infra 5), se hacen a la vez ciudadanos, y sólo una legislación desfavorable del emperador Augusto alteró algo esa identificación de *civitas* y *libertas*.

4. Pero la dicotomía Romanos y **no-Romanos**, como toda dicotomía, es relativa.

Dentro de los no-Romanos no deja de haber diferencias. Los que conviven de algún modo con los Romanos son llamados "peregrinos", es decir, "forasteros", "los venidos de fuera", en tanto los más alejados, con los que las relaciones suelen ser hostiles, son los "bárbaros", es decir, los que balbucean o hablan de manera que no se les entiende. En cambio, hubo una vez en Italia no-Romanos muy próximos que eran los *Latini*. En la época del derecho clásico ya no hay "latinos" en Italia, pues todos acabaron por ser Romanos, pero la categoría subsistió por convención legal para establecer en provincias una modalidad de acceso no inmediato a la ciudadanía romana.

Por lo demás, siempre hubo, en las provincias, pequeñas aristocracias locales, de los más romanizados, que solían ejercer el gobierno de las ciudades bajo el control romano y participaban en las banderías políticas de la misma Roma, por lo que la desigualdad real resultaba inevitable en cualquier ciudad provincial del Imperio.

No hay que olvidar tampoco el gran prestigio que la superioridad cultural de los Griegos tenía entre los Romanos, de manera que los estudios de éstos en Grecia eran siempre un signo de distinción de la nobleza romana, y hasta el mismo uso de la lengua griega era frecuente entre personas de cierta categoría intelectual. Muchas de las frases famosas de personajes romanos fueron pronunciadas en griego. Pero no así entre los juristas, pues sólo alguno de ellos muy tardío escribió alguna obra en esa lengua extranjera, ya que los *prudentes* eran conscientes de su superioridad sobre Grecia en la ciencia del derecho. No deja de haber entre ellos alguna importación de ideas o palabras griegas, pero en una medida muy reducida; por ejemplo, sólo alguno habla excepcionalmente de "hipoteca" o de "anticresis" (VIII 8), y algunos términos del mismo origen suelen ser muchas veces de la época de la decadencia, como "enfiteusis" (VIII 7), o incluso post-romanos, como "sinalagmático" (XII 1) o "hiperoca" (por *superfluum*: VI 11).

5. La influencia griega en Roma siguió diversos cauces, pero uno de los más importantes fue el de los prisioneros de las guerras en Oriente. Conforme a una antigua costumbre de la guerra, los prisioneros de guerra se hacían esclavos del pueblo vencedor, y luego eran subastados entre los particulares. De este modo, muchos griegos cultos llegaron a influir como esclavos o ex-esclavos en el ambiente intelectual romano.

Recíprocamente, los Romanos que caían prisioneros del enemigo se hacían esclavos, pero, si lograban evadirse y volver a Roma, recuperaban su posición jurídica en virtud del llamado "postliminio", es decir, la "vuelta a los umbrales domésticos".

Aparte del cautiverio, principal causa de esclavitud en Roma, también eran esclavos los nacidos de una mujer esclava, en tanto los nacidos de una madre romana, aunque engendrados por un esclavo, eran romanos como hijos de soltera, ya que con esclavos, como tampoco con extranjeros, no podía haber matrimonio ni descendencia legítima.

Como ya se ha indicado, los esclavos podían ser hechos libres por un acto del dueño que se llama **manumisión**, es decir, "soltura del poder", y los manumitidos se hacían "libertinos", y "libertos" respecto a sus antiguos dueños y descendientes de éstos.

6. Ni los esclavos ni los libertinos constituyen propiamente "clases sociales", sino que son personas que se hallan en una relación familiar especial respecto a los dueños de los esclavos o "patronos" de los libertos.

Una clara **diferencia de clase social** se había dado mucho antes entre los "patricios" o familias de abolengo y los "plebeyos" que carecían de ellas; pero esta discriminación había desaparecido casi del todo en la época del derecho clásico. En cambio, sí puede considerarse como algo similar a la diferencia de clases sociales la que subsistió entre los del rango "senatorial" que tenían los que tradicionalmente eran gobernantes y los "caballeros", o de rango "ecuestre", especie de burguesía de la que vinieron a salir los nuevos funcionarios de la burocracia imperial.

A principios del siglo III, cuando todos los habitantes libres del Imperio alcanzaron la condición ciudadana, se hizo más relevante la diferencia de clases desde un punto de vista económico-social: entre los más "honorables" (*honestiores*) y los más "humildes" (*humiliores*).

Estas distinciones de clases sociales no afectan al derecho privado, de modo que puede decirse que, para este derecho, no existen "clases sociales", aunque sí haya diferencia entre los "solventes", que responden de sus deudas, y los "insolventes" (IX 10).

Para el derecho privado, los esclavos tienen una especial importancia por ser los agentes naturales de sus dueños en la vida económica. De ahí que la Jurisprudencia esté constantemente planteando casos jurídicos en los que intervienen esclavos; es difícil encontrar una página del Digesto en que no aparezcan mencionados muchas veces. De su actividad jurídica se tratará en la lección IV, que se refiere a la potestad familiar.

7. Si, entre los ciudadanos, no hay, para el derecho privado, diferencias de clases, esto no quiere decir que entre ellos haya una igualdad política ni jurídica. La sociedad romana es de **desiguales**.

No interesa explicar aquí cómo la distribución tradicional de los que participaban en las asambleas populares dependía de la mayor o menor riqueza de ellos, de modo que, al concentrarse los más pobres en menos unidades que los más ricos y hacerse el escrutinio final de votos por unidades, el voto de los ricos venía a prevalecer. No puede decirse, pues, que hubiera la igualdad democrática de un voto por cabeza, y debe decirse mejor que la comunidad se ordenaba políticamente con un criterio plutocrático, o, si se quiere, "timocrático", es decir, de preferencia por la dignidad para acceder a los cargos de gobierno, ya que, al ser éstos gratuitos, se requería cierta independiencia económica para acceder a ellos. Este desigual reparto de los ciudadanos en las unidades de las asambleas en que se elegían los magistrados y, en su caso, se aceptaban las leyes dictadas por los magistrados, no suponía, sin embargo, una discriminación permanente de "clases sociales" en el sentido moderno.

La aparición de la burocracia imperial desfiguró bastante esa tradición social republicana.

Para el derecho privado la desigualdad entre los ciudadanos provenía fundamentalmente de la **estructura familiar de la comunidad**, a consecuencia de la cual, los jefes de familia, como se explicará en la lección IV, eran los únicos que tenían una plena capacidad, y sus subordinados, hijos o esclavos, actuaban como agentes de esos jefes familiares. Esta era la principal diferencia para el derecho: entre los jefes de familia, que eran personas "de su propio derecho" (*sui iuris*) y los sometidos a ellos que eran "de derecho ajeno" (*alieni iuris*). Pero esta discriminación radical para el derecho privado no trascendía a la vida política, en la que un hijo de familia, incapaz de tener un patrimonio propio, podía, sin embargo, alcanzar un poder público supremo, también sobre su mismo padre.

8 . Otras diferencias entre ciudadanos podían derivar, como veremos, de causas naturales, principalmente la edad, pero, sobre todo, por razón del sexo. En efecto, aunque la mujer ocupaba en la sociedad romana una posición mucho más honrosa que en la griega, y la mujer que no se hallaba sometida al poder paterno, aunque estuviera casada, tenía plena capacidad jurídica, el ejercicio de esta capacidad tuvo ciertas limitaciones prácticas y, por lo demás, la mujer nunca podía tener una potestad familiar, excepto sobre sus esclavos, y, por eso, no se transmitía por ella el parentesco con su familia de origen, del mismo modo que hoy el apellido paterno deja de ser el de los descendientes por vía femenina.

Luego, aparte la exclusión de las mujeres de la vida política, la Etica romana siempre tendió a sospechar en las mujeres una inconveniente tendencia al lujo, y también esto hizo que se dieran algunas leyes antifeministas por defender la austeridad tradicional de los antiguos Romanos. En los casos planteados por los juristas, la intervención de mujeres no es tan frecuente como la de los hombres libres o esclavos.

Al deterioro de la Etica tradicional, como consecuencia de la mayor riqueza, las modas griegas y otros factores de debilitación moral, se produjo un deterioro del matrimonio, que el emperador Augusto intentó superar con premios legales al matrimonio y la natalidad; estas leyes causaron algunas alteraciones en la doctrina jurisprudencial, que hubo de tomar en consideración el nuevo régimen para ajustar sus respuestas.

9. Desde el punto de vista de la forma política de la Roma que vivieron los jurisconsultos, hay que decir que la estructura de la antigua república (*res publica* o "gestión pública") no cambió súbitamente por la aparición de Augusto como *princeps*, unos años antes de nuestra Era. Aparentemente ese nuevo jefe público, que inicia el gobierno imperial, pretendía poner paz, tras un siglo de guerras civiles, y restaurar la forma republicana; de hecho, sin embargo, la presencia de ese "protector" de la república hubo de enervar larvadamente la tradicional constitución, y no sin consecuencias para el derecho privado. Las últimas apariencias republicanas habían de desaparecer a fines del siglo III. Pero el mal recuerdo de una primera monarquía que había regido la más antigua Roma impidió que los nuevos emperadores de la decadencia, a pesar de ser señores absolutos, llegaran a llamarse "reyes".

La estructura tradicional de la **república** consistía en la combinación de tres elementos constitucionales: la majestad, es decir, la primacía por su perennidad, del Pueblo (*populus*, de donde viene "público") o conjunto de ciudadanos aptos para la guerra y la intervención en los "comicios" o asambleas populares; la potestad de los gobernantes anuales o "magistrados" (*magistratus*); y la autoridad de un Senado (*senatus*) o junta estable de hombres con experiencia política, que no gobernaban, pero cuyos consejos o "senadoconsultos" tenían gran influencia en las decisiones de los magistrados. No se trataba, pues, de división de poderes, sino de la combinación del poder de los magistrados, elegidos por el Pueblo, y la prudencia politica de los senadores, esto es, de la "potestad" de aquéllos y la "autoridad" de éstos, reconocidas ambas por la "majestad" del Pueblo.

Era así una constitución mixta, en que se equilibraba la fuerza popular, con el sometimiento a gobernantes cuyo poder quedaba relativizado por la duración sólo anual de las magistraturas y la posibilidad de veto o "intercesión" contra los del mismo o inferior rango, por un lado, y, por otro, la superior prudencia política de los senadores:

una limitación de la *potestas* por la *auctoritas*. Esta distinción esencial de la constitución política trascendía a otras realidades del derecho privado.

10. La perennidad del **Pueblo** –de toda la población ciudadana– se debe a que, aunque las sucesivas generaciones de ciudadanos van muriendo, el Pueblo permanece como unidad; esta perennidad, así como el hecho de ser más en número los que integran esa unidad, explica que los Romanos hablaran de la *maiestas populi Romani*, aunque el Pueblo como tal encomendara el ejercicio de su poder a la potestad de los magistrados anualmente elegidos. La aparición de los emperadores hubo de tener como consecuencia no retardada que fueran ellos los que se creyeran investidos de la "majestad" y no sus súbditos, y de ahí procede que, a lo largo de los siglos post-romanos, los reyes hayan ostentado, y hoy ostenten todavía, ese título que originariamente pertenecía al Pueblo.

La unidad perenne del Pueblo tenía una consecuencia jurídica importante como es la de que podía tener un dominio patrimonial como si fuera una persona natural. Luego, por extensión, esta personalidad colectiva se fue reconociendo a las ciudades, organizadas como "municipios" de una manera algo similar a Roma, con su pueblo, sus magistrados y su senado de "decuriones"; pero también se reconoció la de ciertas cofradías religioso-benéficas y ciertas corporaciones profesionales, siempre en atencion al servicio que prestaban al bien de la comunidad, nunca, como ha ocurrido en el moderno mundo capitalista, para favorecer los intereses crematísticos de los negociantes. Como veremos en la última lección, existe el contrato de sociedad, pero éste no es un fundamento para el reconocimiento de esta personalidad de entes colectivos que llamamos hoy "**personalidad jurídica**" en un sentido estricto. Fue la Iglesia la que había de dar un gran impulso a las "personas jurídicas", con el nombre de personas "morales" (en contraposicion a las "físicas").

Se comprende que sea la Iglesia a quien se deba esa aportación tan importante para la historia universal de derecho, porque, no sólo por sus fines de culto y beneficiencia, sino por su misma estructura interna, necesitaba esa forma de perennidad de sus propias actividades. La doctrina empezó por ver corporaciones plasmadas supranaturalmente que actuaban por representantes individuales. Muchos grupos humanos (*universitates personarum*) llegaron a recabar el reconocimiento de su personalidad "moral" en razón de su servicio permanente al bien común; por ejemplo, las universidades, que aparecen en la Edad Media.

En relación con la doctrina de las personas "morales" o "jurídicas", la Iglesia había de aportar también la teoría de la representación, tan imprescindible para aquéllas. En la Jurisprudencia romana no se encuentra una doctrina de la personalidad jurídica y, como se explicará en la lección V, tampoco sobre la representación, que se dio en la realidad romana de una manera fragmentaria, que los juristas no sintieron necesidad de superar con un concepto unitario.

11. Las decisiones públicas que podían afectar al derecho privado eran, en primer lugar las de los "**magistrados**" que gobernaban la comunidad ciudadana; se llamaban "magistrados" porque su poder era el "mayor" (eran "más", *magis*), en contraposicion a los "ministros", que eran "menos" (*minus*), pues servían como subalternos de los magistrados. Los magistrados no eran jueces, aunque hoy se llama "magistrado" al juez de mayor rango, a causa del poder burocrático que detenta. Los "ministros", en cambio, son hoy importantes porque se hicieron los servidores del rey, y gobernaron en su nombre: servidores o vasallos del soberano, se hicieron los poderosos frente a los súbditos.

Las decisiones generales de los magistrados podían presentarse, bien como "leyes", bien como "edictos"; las particulares, como "decretos".

12. Las **leyes** (*leges* o "disposiciones"), eran textos dictados por los magistrados superiores. En ellos se contenían decisiones que debían ser observadas perpetuamente; por eso solían publicarse inscritas en bronce, y también solían ofrecerse a la aceptación de las asambleas populares. Lo que motivaba el dar una ley era siemrpe la necesidad de mejorar una situación social; aunque podía introducir novedades, el sentido general de la legislación era el de defender la Etica tradicional romana, y de ahí que abunden leyes contra el lujo y contra la corrupción de los gobernantes. Las cuestiones de derecho privado que interesan a la Jurisprudencia no eran de gran interés para el legislador, aunque, algunas veces, no dejaran de afectar indirectamente a la Jurisprudencia, por ejemplo, las leyes que se referían a una realidad social importante también para el derecho, como era la de la garantía que constantemente se requería de personas más solventes, en especial, los banqueros (de lo que se tratará en XI 5), o algunas leyes relativas a la tramitación de los juicios privados. Pero sólo excepcionalmente, poco antes de nuestra Era, se dio alguna ley que modificaba directamente el derecho, como es la ley Falcidia, de la que se tratará en la lección VII 10.

Todavía Augusto quiso mantener la apariencia de la legislación republicana, y dio algunas leyes importantes para el derecho, pero, poco después, se extinguió en Roma la legislación. Los emperadores no dieron leyes hasta que empezó a darlas Constantino, tres siglos después. Así, estas leyes imperiales de la decadencia nada tienen que ver con las leyes republicanas, que sólo conocemos por restos epigráficos o referencias varias, siempre muy incompletas. Es más, la nueva legislación de la decadencia viene a enlazar mejor con la práctica de dar edictos.

Así, pues, el interés de la legislación para el derecho privado romano es muy relativo en el cuadro general de las fuentes del derecho; la ley es una fuente muy secundaria respecto a la autoridad de la Jurisprudencia.

13. Los **edictos** (*edicta* o "declaraciones oficiales"), por su parte, eran bandos que los magistrados romanos publicaban para que se cumplieran dentro del año de su cargo, y por eso no se sometían a la aceptación de la majestad del Pueblo. Tampoco se inscribían ordinariamente en un material duro, sino en tablas de madera encaladas, con letras pintadas en negro, o en rojo las "rúbricas" o "títulos" de sus secciones, distintas de los "capítulos" en que se dividían las leyes; estas tablas se exponían a la vista del público durante las horas de luz.

Algunas veces eran bandos de emergencia, pero, generalmente, servían para instruir sobre lo que el magistrado iba a practicar en el ejercicio de sus funciones. De máximo interés para el derecho tenía el edicto que publicaba el magistrado encargado de ordenar el trámite de los juicios: el pretor.

Este **edicto pretorio** era anual, pero, como es comprensible, sus cláusulas se fueron repitiendo cada vez más de un año a otro. Esto llevó a que el emperador Adriano, a fines del primer tercio del siglo II, decidiera que uno de sus asesores, el ilustre jurista Salvio Juliano, hiciera una redacción definitiva del Edicto pretorio (que sólo mucho después se llamó "Edicto perpetuo").

A partir de ese momento, el Edicto se convirtió en un libro más, en el que ya no se introdujeron modificaciones. Pero antes de esta codificación del Edicto, la vía del progreso jurídico había sido precisamente ésa. Dado que, en último término, todo el derecho consiste en juicios, las innovaciones pretorias sobre la tramitación de éstos resultaba del más alto interés para la Jurisprudencia. En realidad, eran los mismos juristas los que sugerían las innovaciones a los pretores, personas que hacían carrera politica pero solían ser ignorantes en derecho, y, de este modo, los juristas que, generalmente, eran muy tradicionalistas en sus doctrinas del derecho civil, eran a la vez los que impulsaban el progreso jurídico a través de los sucesivos Edictos pretorios. No ocurría en Roma, como ocurre hoy, que el progreso jurídico se pretende hacer a fuerza de leyes, que están cambiando constantemente por resultar inconvenientes en la práctica; en Roma, los falsos progresos no tenían que ser "derogados", sino simplemente eliminados en el Edicto del año siguiente. Naturalmente, de estas rectificaciones casi no tenemos información, pero es muy verosímil que fueran frecuentes, aunque la prudencia de los juristas inspiradores de las novedades fuera muy superior a la de cualquier legislador. Se resolvía así, en Roma, la dificultad para experimentar las novedades jurídicas que existe cuando todo el derecho se quiere meter en forma de ley.

14. Coexistían así, aunque prudentemente coordinados, un ordenamiento tradicional, el llamado **derecho "civil"** en sentido estricto (*ius civile*), y otro más progresivo y práctico que se basaba en el Edicto, y vino a llamarse "**derecho pretorio**". Este último, no sólo reforzaba el civil, o lo suplía, sino que muchas veces lo contradecía con sus recursos prácticos; es más, en algunos casos, la Jurisprudencia llegó a asimilar como "civil" lo que había sido una innovación pretoria.

Este dualismo resulta intolerable para la moderna mentalidad legalista, pero fue una de las claves de la perfección del derecho romano. En casi todas las instituciones nos encontramos con ese doble ordenamiento en cuya armonización práctica radica el progreso jurídico romano.

Los juristas posteriores al nuevo Edicto de Adriano, empezando por el mismo Salvio Juliano, hicieron largos comentarios a ese texto tan importante, y el orden de materias de ese Edicto se convirtió en el orden común de todo el derecho romano, incluso para los que habían de confeccionar el Digesto. Esta mayor plenitud del orden edictal se debe a que en él se comprendía, no sólo el derecho pretorio, sino también lo referente a los juicios del derecho civil.

15. Como ya se ha dicho, el **Senado**, que carecía de potestad, tenía gran autoridad para dar consejos a los magistrados gobernantes, en forma de "senadoconsultos" (*senatus consulta*). Pero, como es comprensible, los senadores, con aquella su superior experiencia, que daba cierta continuidad a la política, en especial a la internacional, no descendían a cuestiones tan menudas como las del derecho privado. Durante la República, cuando la función del Senado era decisiva, ni un solo senadoconsulto afectó al derecho privado. La autoridad pública del Senado no se interfería en la autoridad privada de los jurisconsultos, autores del derecho.

Cuando, en cambio, la actividad legislativa cesó y, al mismo tiempo, la dirección politica fue asumida por el emperador, el Senado perdió importancia y los senadoconsultos vinieron a suplir, en cierto modo, el vacío de la desaparecida legislación, por lo que, a partir del siglo I, menudean los **senadoconsultos** relativos al derecho privado.

Como simples consejos, los efectos jurídicos del senadoconsulto dependían siempre de que los pretores los tuvieran en cuenta en su función de ordenar los juicios. Sólo a partir de Adriano, se consideró que los senadoconsultos podían hacer directamente derecho civil; pero, en ese momento, ya no eran más que una expresión de la voluntad del emperador.

16. Ese momento de **Adriano** es el principio de una nueva época en orden a las fuentes del derecho: la Jurisprudencia quedó en cierto modo controlada por el emperador, y él mismo empezó a dar respuestas en forma de rescriptos; el Edicto, fuente del progreso jurídico hasta entonces, quedó convertido en libro, "codificado"; los senadoconsultos, simples discursos (*orationes*) imperiales leídos en el Senado, vinieron a asumir la función de la ley, pero con mucho mayor interés para el derecho que las antiguas leyes republicanas. Así también, una nueva burocracia iba a desalojar la función de las antiguas magistraturas todavía subsistentes. La confusión entre potestad y autoridad, iniciada con la pretensión de Augusto de gobernar realmente a título de autoridad, había conducido, respecto a las fuentes, a que la autoridad del Senado viniera a asumir funciones legislativas propias de la potestad, y a que, poco después, la potestad efectiva del emperador diera respuestas de autoridad como tradicionalmente había correspondido hacer a la Jurisprudencia.

Pero el derecho clásico –la Jurisprudencia– iba a durar todavía un siglo más, y las apariencias de la antigua *res publica*, casi dos siglos más, hasta que el emperador Diocleciano –bajo cuyas persecuciones perecieron la mayoría de los mártires del Cristianismo– estableció un gobierno absoluto y totalmente burocrático que llamamos "Dominado". Constantino, a continuación, vino a consolidar el nuevo régimen con todas sus consecuencias, bajo un signo cristiano.

LECCIÓN III
JURISDICCIÓN Y JUDICACIÓN

1 . Un derecho privado, consistente en juicios decididos por jueces privados que siguen criterios doctrinales privados, aunque acomodados éstos a datos sociales públicos y a textos públicos como el Edicto o las leyes, y luego los senadoconsultos, no puede prescindir, sin embargo, para ser un derecho efectivo, de una **coacción pública** que permita hacer ordenar tales juicios, y ejecutar, es decir, hacer cumplir las sentencias privadas de aquellos jueces.

El derecho romano clásico coordinó esta coacción pública con el carácter judicial privado mediante una manera de cooperación del poder de **jurisdicción** de los pretores con la **judicación** de los jueces.

Jurisdicción y judicación son dos palabras que se componen de los mismos elementos, y vienen a significar ambas la declaración del derecho o "yus". La diferencia está en el aspecto de la declaración: en tanto el pretor, con su juris-dicción, ordena los juicios, con todas las medidas complementarias para el conveniente planteamiento de las cuestiones y la efectiva ejecución de las sentencias, el juez privado, con su judicación, emite su opinión conforme al "yus" en un caso concreto. Las decisiones oficiales de todo tipo que toma el magistrado se expresan como "decretos" (*decreta*), en tanto la opinión de los jueces es una "sentencia" (*sententia*, de *sentire* o pensar). Cuando los emperadores llegan a asumir una función judicial, sus sentencias aparecen como "decretos", pero esto mismo demuestra ya una confusión de funciones, de gobierno y juicio. Porque también en esta distinción entre jurisdicción y judicación se puede ver la diferencia entre la potestad pública del magistrado y la autoridad –re conocida directamente por los litigantes en conflicto, pero también por el mismo magistrado que da orden juzgar, y por la sociedad en general, que acepta ese régimen judicial– de los jueces privados elegidos por las partes. En efecto, la mentaliad romana consideraba como contrario a su idea de *libertas* que se impusiera oficialmente un juez para resolver un conflicto, como se hace, en cambio, en nuestro tiempo, sin agravio para el actual sentimiento político de libertad. Sólo de manera extraordinaria, que se fue generalizando con el tiempo y se impuso en la época de decadencia, se fue introduciendo, incluso en la misma Roma, un régimen de jueces burocráticos, parecidos a los de hoy, que llamamos de "cognición oficial".

2 . Al carácter general del juicio romano se debe que toda la actuación relativa a los juicios se vea como "**acción**" (*actio*, de *ágere*, conducirse) del particular que reclama. Este "*actor*" o "demandante" es el protagonista; el demandado contra quien reclama es denominado como "aquel con el que se lleva la acción", pues hace falta un acuerdo entre las dos partes para que el trámite judicial sea posibe. Tanto el magistrado que ordena el trámite como el juez privado que decide la cuestión son, en cierto modo, personajes complementarios de la "acción" del demandante, aunque sean ellos los que la deciden.

En la "cognición oficial", por el contrario –y éste era el régimen de siempre en las provincias–, el protagonista es el juez burocrático, titular o delegado, ante el que se desarrollan las distintas fases del trámite: él escucha a los litigantes –de donde el término "audiencia" de la decadencia–, resuelve el conflicto con una sentencia, y la hace cumplir. De ahí el término "proceso", extraño a la mentalidad romana, que se impondrá en la historia del derecho, sobre todo por influencia del derecho de la Iglesia, para la que la jurisdicción de la potestad llega a ser el término general para todo el ámbito de su poder de gobierno; de ahí también la idea de "Administración de Justicia" propia hoy del Estado. Todo esto se insinúa en la época de decadencia, pero ha venido a informar el derecho universal post-romano.

3. El mismo carácter electivo de los jueces romanos explica que los Romanos no sintieran necesidad de eludir la justicia oficial, como puede convenirse hoy, mediante el acuerdo entre los partes de acudir a un "arbitro" imparcial en vez de solicitar el trámite ordinario.

El "**arbitraje**" era una universal práctica antigua en los conflictos entre ciudades que no se hallaban sometidas a un juez necesario, práctica que subsiste en el moderno derecho internacional: la decisión solía encomendarse a una tercera ciudad imparcial. El arbitraje entre Romanos fue siempre posible, pero no muy practicado, pues no existía desconfianza en los jueces ordinarios elegidos por los mismos litigantes. Un nuevo impulso cobró el arbitraje cuando los cristianos de las provincias eludían el juez oficial para someter sus controversias a un árbitro cristiano, que muy ordinariamente era el obispo; pero, cuando Constantino convirtió la "audiencia episcopal" en jurisdicción casi ordinaria, ese tipo de arbitraje perdió su antiguo carácter, a la vez que se extendió el cristianismo entre los mismos jueces oficiales de la decadencia.

El acuerdo de someter una controversia a un árbitro para eludir la vía ordinaria se llamaba "compromiso" porque consistía en promesas recíprocas por las que las partes se obligaban a pagar una pena si no acataban la sentencia del árbitro. Esta palabra conserva hoy su antiguo valor técnico, y es del todo abusivo llamar "compromiso" a cualquier tipo de acuerdo; si se empezó a usar modernamente en relación con las promesas de futuro matrimonio o "esponsales" (VI 3), fue porque también la sanción del incumplimiento de esas promesas tenía carácter penal.

4. La formalización de una controversia patrimonial se llama "litigio". Es un trámite convencional privado, aunque sea con la intervención pública del magistrado. Su **convencionalidad** se centra especialmente en dos momentos de acuerdo entre el demandante y el demandado.

En primer lugar, es preciso que el demandante lleve al demandado ante el magistrado, que ejerce su poder de jurisdicción sentado en una silla oficial colocada sobre un estrado o "**tribunal**" en la plaza pública. No era el magistrado quien citaba, sino el particular interesado, el "actor".

Ordinariamente, se requería al demandado que prometiera su presentación en determinado día, mediante un tipo de cautela estipulatoria (de las que se trata en la lección XI), llamada "vadimonio" por el oficio que vinculaba en otro tiempo a unos garantes de tal presentación que eran los *vades*.

Sin la presentación del demandado no podía haber acción, pero el magistrado tenía otros recursos complementarios para sancionar la incomparecencia.

Había que distinguir, a estos efectos de la incomparecencia ante el magistrado, entre las reclamaciones de deudas (acciones *in personam* o "personales") y las de cosas en cierta medida propias (acciones *in rem* o "reales"). Las acciones personales sancionan las "**obligaciones**", es decir, las relaciones de deuda, y las reales defienden la pertenencia directa de las cosas, los llamados "**derechos reales**" (de *res*, cosa).

5. La **incomparecencia**, como toda maniobra obstruccionista del reclamado por acción personal, era considerada como "indefensión", con el resultado de una incautación, a favor de su adversario, de todo su patrimonio: *la missio in bona*, de la que se hablará después (infra 15).

Cuando, en cambio, se trataba de una acción real, el demandado no tenía el deber de comparecer, sino de dejar que el demandado tomara para sí el objeto no defendido. Con ese fin ofrecía el magistrado una acción personal de exhibir lo que se podía traer al tribunal (acción *ad exhibendum*) o una orden interdictal (como las que se verán infra 14) de dejar entrar en un inmueble; como también el desacato de esta orden interdictal daba lugar a una acción personal, en último término, amenazaba siempre, al que no se defendía convenientemente, el riesgo de la incautación de todos sus bienes a favor del adversario.

Este sistema de coacción pretoria da ya una idea de cómo la potestad no se impone directamente con su fuerza, sino que procura conseguir el resultado conveniente de manera indirecta, mediante recursos complementarios a favor del que reclama justicia. Esta singularidad de la coacción jurisdiccional era también una expresión del sentido propio de la *libertas* que tenían los romanos. El poder o *imperium* del pretor era muy fuerte –si simbolizaba en los haces de varas (*fasces*, de donde el moderno "fascismo") que llevaban los ordenanzas que le acompañaban, pero las buenas costumbres (los *mores maiorum*, de los antepasados) le imponían limites que exigía la libertad ciudadana, no coincidente con los miramientos del "liberalismo" moderno.

Naturalmente, si el que no comparecía ante el pretor era el demandante, el trámite judicial no podía iniciarse, y no hacía falta más sanción.

6 . Distinta de la incomparecencia o indefensión del demandado es el "**allanamiento**" que aquél puede hacer formalmente en presencia del pretor: la llamada "confesión ante el tribunal" (*confessio in iure*, donde "yus" es el estrado del magistrado).

La confesión ante una acción personal equivalía a una sentencia condenatoria por la deuda reclamada.

La confesión ante una acción real iba seguida de una atribución formal (X 2), declarada por el pretor (*addictio*), de lo reclamado, a favor del demandante. Incluso sin plantearse realmente controversia, sino de acuerdo entre dos personas, podía ceder una a la otra una cosa mediante esa formalidad de "cesión ante el tribunal" (*in iure cessio*). De este modo, la Jurisprudencia supo aprovechar una posibilidad contenciosa para conseguir efectos convencionales; pero es este de la *addictio* un caso excepcional en el que una declaración del magistrado tiene un efecto directamente civil.

7 . El segundo momento convencional ante la jurisdicción pretoria es el de la "contestación del litigio" (*litis contestatio*), "**litiscontestación**". Sin ese convenio, no podía haber juicio. Suponía la contradicción del demandado ante la pretensión del demandante; por eso, aunque lo de "contestar" venía de cuando antiguamente ese acto se hacía ante testigos (*testes*), ese verbo ha venido a significar la oposición que se hace a la afirmación de otra persona (de donde el sentido peyorativo de "contestatario"); en esto se distingue "contestar" de "responder": se "contesta una afirmación" y se "responde una pregunta".

En ese momento central de la litiscontestación se fijan, con la autorización del pretor, los términos de la controversia en un documento de tablillas enceradas, en las que se escribía con un punzón (*stilus*). Este documento se llama *formula* (diminutivo de *forma* o modelo), porque debía ajustarse a uno de los esquemas que se ofrecían en el Edicto para cada tipo de reclamación. De ahí depende una característica esencial del derecho romano clásico: la tipicidad (del griego *typos* o modelo) de toda posible reclamación judicial. De este modo, todo el derecho se reduce a acciones con fórmulas típicas. Los jurisconsultos indicaban a los particulares interesados qué fórmula debían utilizar en cada caso.

8. La estructura general de las **fórmulas** era la de una orden, dirigida al juez privado, de condenar o absolver al demandado según se probara o no la conveniencia jurídica de la reclamación del demandante. La variedad de fórmulas era, naturalmente, muy notable, y tampoco era imposible que el pretor admitiera, en un caso imprevisto por su edicto, una fórmula improvisada para ese caso. Para la redacción de la fórmula conveniente solía consultarse a un jurista, y en los mismos libros que éstos escriben casi todo consiste en decir qué acción, es decir, qué fórmula procede en cada caso; aunque, como en la época de Justiniano hace ya tiempo que no se practican esas fórmulas, sólo nos quedan rastros casi imperceptibles de ellas en los textos del Digesto.

Sabemos, sin embargo, que, para determinados supuestos, tenía el pretor fórmulas por las que se ordenaba al juez que prescindiera, para su juicio, de algún hecho que impedía la conveniente aplicación del derecho civil; por ejemplo, fingiendo que no había dado la propiedad de algo quien lo había hecho realmente pero por miedo a una amenaza, con lo que venía a resultar que, gracias a esa ficción, seguía teniendo la acción como propietario; o fingiendo que quien se había ausentado en servicio de la república no habia perdido algo que el derecho civil le hacía perder por no haber reclamado a tiempo. Estas son las **fórmulas ficticias o "útiles"**. Como es comprensible, una orden de fingir sólo podía darla el magistrado con jurisdicción, pero también alguna ley imponía fingir, por ejemplo, que el que había muerto cautivo del enemigo había muerto un momento antes de ser apresado, con el fin de que el testamento que hubiera hecho antes valiera como hecho siendo todavía ciudadano, y no como un esclavo, incapaz de dejar un testamento válido.

9. En todo caso, era el pretor quien podía **aceptar o no la fórmula** concreta que se le presentaba, o podía "denegarla"; y, del mismo modo que podía hacer perder su patrimonio al demandado indefenso, podía denegar la acción al demandante que no cumplimentaba lo que el pretor le pedía para ejercitar su acción; por ejemplo, la caución de indemnizar en caso de que el ausente por quien él demandaba como representante volviera a reclamar lo mismo, la llamada "caución de ratificación" (*de rato*). Hay que advertir, de todos modos, que la denegación no tenía carácter definitivo, pues la acción se podía volver a intentar en otro momento, incluso sin esperar a que cambiara la persona del pretor. También podía denegar la acción si el demandante no se avenía a introducir en la fórmula una cláusula negativa –"a no ser que..."– que se llama "**excepción**". Mediante esta cláusula se reservaba la absolución del demandado si el juez comprobaba un hecho por el alegado, y que venía a desvirtuar la pretensión o "*intentio*" del demandante. Es más, el mismo demandante podía oponer excepciones en función de "réplicas" contra las excepciones del demandado.

La "excepción" más general era la de dolo por la que el demandado alegaba un comportamiento engañoso del demandante o dolo (X 3); pero también era frecuente la excepción de pacto (XII 2).

El prototipo de la excepción de pacto es el del perdón informal de deuda, que no impedía al acreedor que le había perdonado el poder reclamarla, pero con el riesgo de que, si el demandado interponia la excepción del pacto de no reclamar, y lo probaba ante el juez, salía absuelto el deudor. Claro que si tal pacto se había conseguido por engaño, el demandante podía prevalecer mediante la prueba de su "réplica de dolo". De este modo, por la concesión de excepciones y réplicas, el pretor podía alterar profundamente el régimen de las acciones, privándoles de efectos inconvenientes. Ese efecto negativo de la excepción de pacto, como de la de dolo y otras más, recibe el nombre de "por obra de excepción" (*ope exceptionis*), con la que se contrapone al efecto por obra del mismo derecho civil, "por el mismo derecho" (*ipso iure*), que vale por sí mismo, sin necesidad de excepción.

En algún caso, el efecto negativo de la excepción no era a favor de un deudor sino incluso de su acreedor; así ocurre en el pacto informal de pagar intereses por un dinero prestado: en ese caso, los intereses pactados no eran exigibles, pero, si se pagaban voluntariamente, el acreedor que los había cobrado podía oponer una excepción contra el pagador que luego pretendiera que se le devolviera lo pagado por haber sido indebidamente pagado (*indebitum: IX 9*).

10. En la misma fórmula debía figurar el **nombramiento del juez** elegido por los litigantes; cuando éstos no se ponían de acuerdo, debían conformarse con los que quedasen, de unas listas oficiales de posibles jueces privados, después de una recusación alternativa de los que uno u otro litigante hubieran considerado menos favorables. Era éste el mejor modo de respetar la *libertas* del ciudadano, que no tiene por qué aceptar un juez burocrático.

Aunque el juez fuese un particular, la orden recibida del magistrado para que diera sentencia, en la plaza pública, el día convenido, le vinculaba como cualquier otra carga pública (*munus*), de suerte que, si no cumplía con la función de juzgar, quedaba él sometido a asumir la misma posición del demandado liberado por la abstención de ese juez incumplidor de su deber.

Una vez celebrada la "litiscontestación", la reclamación del demandante quedaba transformada en la facultad de hacer cumplir la sentencia que pudiera resultarle favorable, y que solía asegurarse mediante una cautela estipulatoria (XI 6) exigida por el magistrado: la caución de cumplir lo juzgado y de no comportarse maliciosamente en el juicio.

Fuera cual fuera el resultado del juicio, la acción no podía ya repetirse –por la misma cosa y contra la misma persona–, que es lo que significa el aforismo "no dos veces sobre lo mismo" (*non bis in idem*). Esto resulta especialmente grave para el demandante que se aventura a demandar con excepción del demandado, pues, si éste sale absuelto, ya no puede volver a reclamar lo mismo contra el mismo adversario.

Este efecto de **consumición de la acción** se entiende hoy como propio de la sentencia, pero en el derecho romano lo producía ya la litis-contestación.

11. El magistrado que instruía el trámite contencioso no entraba en el examen de los hechos, sino sólo en la conveniencia o no de la fórmula solicitada. El juez, en cambio, debía comprobar la razón del demandante y, para ello, debía comprobar los hechos por él alegados.

Los medios de comprobación de los hechos se llaman "**pruebas**", pues "probar" o "aprobar" es lo mismo que cerciorarse de los hechos. La Jurisprudencia romana no se interesaba por las cuestiones de prueba, que eran el tema favorito de los abogados que peroraban ante el juez; y en esa abstención se puede ver uno de los rasgos de la elegancia del jurista: en dar por ciertos, al dar su respuesta de derecho, los hechos alegados por el solicitante. Pero el juez no puede menos de descender a las pruebas de los hechos, pues la fórmula le obliga a ello con el fin de que dé su opinión (*sententia*) conveniente sobre el caso controvertido. Es ése precisamente el momento del juicio en el que intervienen los abogados, cuyo oficio es retórico y no jurídico, y por eso también ellos necesitan el asesoramiento de los jurisconsultos.

Los medios de prueba son principalmente dos. En primer lugar –siempre fue la prueba principal para los Romanos– la declaración de los testigos (*testes*), que decían lo que sabían, y, muchas veces, por haber asistido al acto objeto de la controversia. Similar al "testimonio" –el oficio del testigo– es la declaración de los hechos por los mismos litigantes; pero esta "confesión" ante el juez no tiene comparación con la efectiva confesión ante el tribunal de la que ya se ha hablado (supra 6).

La preferencia por la prueba testifical es una manifestación del personalismo romano. Sin embargo, sobre todo por influencia de la práctica de los Griegos –entre los que la mentira era menos reprobada que entre los Romanos–, se fue introduciendo en Roma, como más seguro, el uso de las pruebas por los escritos, llamados "instrumentos" o "**documentos**", porque enseñan (*instrúere* y *docére*, de donde "instrucción" y "docencia") cómo fueron los hechos, para que el juez juzgue convenientemente.

El juez no podía acudir a más medios de prueba que los presentados por los litigantes, es decir, sus abogados –carecía de facultad "inquisitiva"–; en cambio, tenía plena libertad para dar más valor a unas pruebas que a otras, pues no había para él preferencias fijadas por ley. Por ello mismo, podía dispensar de la prueba de algún hecho que, según la experiencia, dependía de otro ya probado ante él: son las que llamamos "**presunciones**"; no se trata de conjeturas o suposiciones que el juez pueda hacer, sino de dispensa de la prueba de un hecho que se da como necesariamente dependiente de otro ya probado; por ejemplo, la presunción de que, si se prueba el parto de una mujer legítima, su marido es el padre de la criatura, salvo que se pruebe el crimen de adulterio. Estas presunciones que no excluyen la prueba contraria son las que hoy llamamos "*iuris tantum*", a diferencia de las que la excluyen o "*iuris et de iure*".

12. Dada la sentencia por el juez, el asunto queda juzgado (*res iudicata*), y, en principio, no cabe acudir a otro juez para que revise esa sentencia. En efecto, si todos los jueces son privados, sin distintos grados de potestad, no cabe que un juez quite valor a la sentencia de otro, pues todos son iguales. Sin embargo, la presencia de los emperadores hizo que las partes pudieran acudir a ellos como jueces y dieran sus sentencias (*decreta*), pero también que el mismo emperador exigiera ver él mismo el litigio para juzgarlo por su cuenta, y así surgió la práctica de la "**apelación**" (*appellatio*) que se ha generalizado en el derecho posterior, en el que la burocracia judicial tiene un tribunal superior que puede dar las sentencias definitivas, desautorizando las de los jueces inferiores.

13. La condena judicial, en época del derecho clásico, debe consistir siempre en una cantidad de dinero, para lo que se requiere que el juez haga una "**estimación**" (es decir, una "metalización") del litigio (*litis aestimatio*). En un principio -y tampoco en la decadencia- no era así, pero el desarrollo económico de Roma impuso la idea de que todo vale lo que se puede pagar por ello. Sin embargo, cuando este principio tenía el resultado absurdo de obligar a vender al vencedor, el juez dejaba a éste la fijación de la estimación, con lo que se impelía al vencido, indirectamente, a restituir la cosa reclamada y evitar así la condena. Con ese fin, algunas acciones tenían, en su fórmula, una "cláusula arbitraria", por la que se subordinaba la condena a la negativa de restitución conforme al arbitrio judicial.

Cuando el vencido no pagaba voluntariamente la cantidad a que había sido condenado por el juez, volvía a intervenir la potestad del pretor, ordenando la incautación de todos sus bienes a favor del concurso de los acreedores a los que no se habían pagado las condenas; también se les daba un recurso para reintegrar en el patrimonio concursado aquellos bienes que habían salido de su patrimonio con el fin de defraudar las expectativas de los acreedores. Aunque este recurso ha pasado a convertirse en una acción, fue propiamente un interdicto.

El patrimonio así incautado era vendido en bloque a un "comprador de los bienes" (*bonorum emptor*), que debía pagar a los acreedores en proporción a sus créditos; sobre los créditos residuales, que los acreedores no pudieran cobrar con el precio de esa venta, era posible un nuevo trámite de ejecución, salvo casos excepcionales en los que el pretor defendía al deudor contra nuevas incautaciones de los bienes que pudiera adquirir en el futuro: es el llamado modernamente "beneficio de competencia". Pero, en época clásica, nunca queda expuesto un deudor a la prisión por deudas, que se practicaba en otros lugares, y también en el derecho post-romano; esta antigua práctica es la que explica la conmiseración bíblica por los encarcelados.

14. Los "**interdictos**" eran recursos de la jurisdicción pretoria distintos de las acciones. Eran órdenes de abstenerse de determinada actividad, de restituir algo o de exhibirlo, que, a petición de una persona, se dirigían contra otra, y que, en caso de no ser acatados por el destinatario, podían dar lugar a una acción personal a favor del reclamante para obtener la debida indemnización, siempre pecuniaria.

Si las acciones sirven para defender los intereses privados, los interdictos sirven para restablecer lo más rápidamente posible el orden pacífico de la comunidad, aunque sean ejercitados por particulares especialmente interesados en el respeto de ese orden. Así, había interdictos varios para defender el uso público de vías y ríos públicos, pero también para defender el uso aparentemente justo de cosas privadas, empezando por el de las que se usan como propias, o de servicios de fincas vecinas; pero también se recurre a los interdictos para hacer posible la tenencia de cosas ajenas autorizada por el pretor. De estos usos defendidos por interdictos tiene especial interés el de la llamada "posesión" (VI 9). Pero esos usos,como la misma posesión, no son posiciones de derecho, sino de hecho, que, por lo tanto, pueden ser rectificadas por el resultado de acciones que entren en el fondo del derecho cuyo uso aparentemente justo defiendan los interdictos.

Esta defensa de las apariencias es en sí misma algo necesario para mantener un orden pacífico de modo provisional, sin perjuicio de la defensa, mediante las correspondientes acciones, del derecho que puede resultar contrario a las apariencias. No se trata, pues, de mantener un falso derecho, sino un necesario orden de paz provisional entre las personas.

15. Como ya se ha dicho a propósito de la indefensión o de la ejecución de sentencias condenatorias (III 5) podía decretar el pretor la incautación de bienes a favor de un demandante; este decreto se llama de "**puesta en posesión de los bienes**" (*missio in bona*) cuando se puede proceder a la liquidación de los bienes, pero, en otros casos, es de "puesta en posesión" (*missio in possessionem* en sentido estricto), cuando se autoriza a retener algo con el fin de salvaguardar su integridad, como sucede cuando se guarda la herencia paterna en espera de que nazca un hijo que se halla en el vientre de su madre (*nasciturus*), por lo que se dice decretada "en nombre del vientre" (*ventris nomine*).

Para asegurar el efecto de la *missio*, el pretor concede, contra el que se resiste a dejar las cosas, un interdicto, si se trata, de inmuebles, o una acción en otro caso, recursos similares a los que da contra el demandado que no se defiende ante una acción real.

Este decreto de incautación o embargo, siempre a petición y en interés de un particular, es como el último recurso de fuerza que tiene el pretor para asegurar el buen orden de su jurisdicción, a la vez que la ya mencionada denegación de acción contra los demandantes.

LECCIÓN IV
LA POTESTAD FAMILIAR

1. Como ya se ha dicho, la estructura social en que se enmarca el derecho romano es sobre todo de carácter **familiar**. Esto quiere decir que, para el derecho privado, sólo actúan en nombre propio los que no están sometidos a la potestad de un padre, ni son esclavos, que tienen un dueño, o sea los que son personas independientes (*sui iuris*), sin distinción de sexos, aunque luego se hablará de la diferencia en la capacidad patrimonial de las mujeres; y puede ser *sui iuris* incluso un niño (para subsanar cuya incapacidad intervendrá el "tutor", del que se tratará en la lección siguiente).

Así, pues, el derecho romano no es "humanista" en el sentido de individualista, sino que se funda en la desigualdad natural de los que entran bajo la potestad de un "jefe de familia", un *pater familias* (genitivo singular), con cuyo nombre se llama también al que no tiene hijos bajo su potestad, pero puede tener esclavos.

La palabra *familia* tiene en Roma más distintos significados que hoy. La relación con "fámulo" indica ya un sentido originario relacionado con los servidores del jefe o *pater*, y, en las fuentes jurídicas, el significado más frecuente y técnico de "*familia*" es el de conjunto de esclavos en propiedad de un mismo dueño. Sin embargo, el significado de "*familia*" en las fuentes antiquísimas es el de conjunto de cosas y personas sometidas al *pater familias*. En otro sentido menos civil, se habla de familia, como hoy, para referirse a las personas libres unidas por cierto parentesco.

2. Sobre la existencia de **esclavos** en Roma se ha hablado ya como dato social (II 5); también sobre el acto de manumisión por el que un dueño convierte en libre y ciudadano a un propio esclavo, conservando él un "patronato" sobre los manumitidos o "libertos". Aquí nos interesa hablar de la intervención del esclavo en actos jurídicos como representante de aquel bajo cuya "potestad de dueño" (*dominica potestas*) se halla; pero en esto se asemeja mucho el esclavo al hijo, y por ello conviene hablar antes de la posición de los hijos bajo potestad, para luego tratar conjuntamente de la representación del jefe por sus esclavos o hijos.

Por lo demás, aunque existan otros puntos comunes, como la posibilidad de que también los hijos puedan ser traspasados a otra persona como cuasi-esclavos, según veremos a propósito de la responsabilidad paterna por delitos que aquéllos cometan (IV 9), la diferencia entre hijo y esclavo es radical por cuanto el hijo o hija puede tener padre –en eso radica el concepto romano de persona "libre"–, en tanto el esclavo o esclava sólo tiene dueño. En este sentido, la posición de los esclavos, como cosas en propiedad, es más similar a la de los animales domésticos de tiro o carga; de hecho, estos animales, junto con los esclavos y las fincas, componen el patrimonio más genuinamente familiar que es el llamado *mancipium* (de donde "mancebo" o criado), del que se tratará en la lección VI 11.

Así, pues, la diferencia entre libres y esclavos es radicalmente familiar, aunque luego tenga otras consecuencias más públicas.

3. La "**patria potestad**" romana tiene poco que ver con la guarda de hijos menores, que se denomina a veces con ese nombre todavía hoy. Es una potestad sobre hijos e hijas legítimos y la descendencia legítima de los hijos varones, que es, en principio, absoluta, aunque mitigada, como el *imperium* absoluto de los altos magistrados, por la Etica tradicional de los *mores maiorum*, y que no termina ni con la edad, ni con el matrimonio, ni con los algos cargos públicos de los hijos, sino, en principio, tan sólo con la muerte del padre o del hijo o descendiente.

Se puede dar, excepcionalmente, un acto de liberación, formal como la manumisión de esclavos, que se llama "emancipación" (*emancipatio*), mediante el cual el hijo se convierte en *sui iuris* y rompe su parentesco civil con la familia del padre que le emancipó, aunque se venga a sustituir la potestad extinguida por un derecho similar al patronato sobre los libertos. Si los hijos que tenía el emancipado no son también ellos emancipados, siguen bajo la patria potestad directa del abuelo, como sucede cuando el hijo muere dejando descendencia legítima.

También puede darse un acto formal para traspasar convencionalmente la patria potestad sobre un hijo a otro *pater*, que es la llamada "**adopción**". Esta forma de cambiar de familia se daba más entre la nobleza. Una variante de la adopción era la "arrogación", por la que un *sui iuris* se sometía convencionalmente a un *pater familias*, y se hacía así *alieni iuris*.

Se habla, a propósito de estos cambios de potestad familiar por emancipación o adopción, de "**capitisdisminución**" (*capitis deminutio*). En la emancipación se gana la independencia, pero esa "disminución" puede entenderse en el sentido de que, por esos actos, un individuo o "cabeza" (*caput*) "pierde su anterior personalidad" familiar; también la pierde cuando cambia su ciudadanía romana por hacerse extranjero, o cuando se hace esclavo; pero respecto a la esclavitud por cautiverio de guerra no se habla de *captis deminutio*; el título edictal "*de capite minutis*" se refiere a las deudas del arrogado. La capitisdisminución es, pues, la pérdida de la anterior personalidad de un individuo. Porque si "*caput*" (la cabeza, identificable por el rostro) es el signo de la individualidad, "*persona*" hace referencia a las distintas relaciones en que puede hallarse un individuo, y cuyo signo es el nombre propio o el que determina la relacion interpersonal que sea: de padre-hijo, magistrado-ciudadano, acreedor-deudor, marido-mujer, etc. La individualidad es esencial y la personalidad es accidental.

4. El que llamamos **parentesco** "civil" o "**agnación**" es el que une a personas que seguirían estando bajo un mismo *pater familias* si éste no hubiera muerto, es decir, cuando no hay un eslabón de la cadena del parentesco que sea mujer o haya sufrido una capitisdisminución que separara de la familia de procedencia.

Cuando el parentesco no es de agnación, por la patria potestad, sino sólo natural, se llama de "**cognación**", aunque, paradójicamente hoy llamamos "cuñados" (de *cognati*) a los que no son parientes naturales, sino por un enlace matrimonial que da lugar a una relación entre las dos familias de los cónyuges, que se llama "afinidad", pues *adfines* son los que se encuentran al otro lado del "confín" o límite de una finca.

El parentesco natural de la cognación no supone siempre la legitimidad; no tiene trascendencia jurídica alguna, sino sólo moral, cuando intervienen esclavos en la línea de progenitores, aunque popularmente se pudiera hablar de "cognación servil" para referirse a ese parentesco entre esclavos o con ellos.

El antiguo derecho civil no reconoce más parentesco que el agnaticio, pero, como se verá en la lección VII, el pretor vino a tener en cuenta, para la herencia, también el cognaticio, que con el tiempo iba a imponerse, sin perjuicio de la distinción por la legitimidad del matrimonio del que deriva. La relajación de la agnación fue unida a la de la patria potestad, y el concepto moderno de "familia" es por eso muy distinto del romano. Ese dato social de la familia romana, así como el de la esclavitud, impiden decir que el personalismo del derecho romano fuera individualista.

5. Los sometidos a potestad, al ser incapaces de figurar como personas con patrimonio, actúan en la vida jurídica tan sólo como agentes del *pater familias*. Sin embargo, con el fin de facilitar su actividad económica, solía éste concederles unos cuantos bienes para que los administraran con cierta independencia: es el llamado "**peculio**", pequeño patrimonio que seguía perteneciendo al jefe familiar, y del que los sometidos a su potestad podían ser privados por él en cualquier momento.

Como suele suceder, las guerras, al dar una mayor independencia de hecho a los hijos –ni las hijas ni los esclavos eran admitidos en el ejército–, fomentaron cierta relajación de la incapacidad patrimonial de aquellos hijos. En efecto, era prácticamente imposible que un padre pudiera controlar a distancia todas las ganancias de su hijo militar –por soldada, reparto del botín tomado al enemigo, o cualquier otra razón–, y por esó llegó a admitirse que esas adquisiciones particulares constituyeran un peculio separado, llamado "castrense", sobre el que el hijo tenía plena capacidad de disponer como quisiera, incluso por testamento; a pesar de ello, también ese peculio pertenecía, en principio, al padre del militar, y, si el hijo moría sin haber dispuesto de él en vida o por testamento, su padre podía quedarse con aquellos bienes, no como herencia del hijo, sino como cosa que nunca había dejado de ser suya.

6. Esta novedad fue el comienzo de una progresiva tendencia a reconocer la capacidad de los hijos, pero que no se consolidó hasta la época de decadencia. Lo que sí admitió ya la Jurisprudencia clásica fue que todos los hijos varones quedaran personalmente obligados por sus propias deudas, aunque no pudieran ser demandados por ellas, si no tenían un peculio castrense incautable, hasta hacerse *sui iuris* por la muerte de sus padres. Con ello se alteró, para los hijos, el régimen tradicional de que las deudas contraídas por los *alieni iuris*, tanto entre sí los de la misma dependencia doméstica (incluso con el mismo *pater familias*), como con los de fuera, no eran deudas que se pudieran exigir de ellos "civilmente", sino tan sólo del jefe doméstico en la forma pretoria que se explicará a continuación. Sin embargo, estas deudas no reclamables civilmente no se consideraban indebidas, y, por eso, si eran voluntariamente pagadas, no se podía reclamar la devolución del pago como indebido; y, por otro lado, estas deudas contaban realmente para el ajuste de cuentas con el feje y entre los sometidos a él, en relación con la contabilidad de los peculios. Estas son propiamente las llamadas **obligaciones "naturales"**, categoría que hubo de extenderse a otros casos con efectos similares, de deudas realmente existentes pero no exigibles judicialmente, y que ha sobrevivido increíblemente en el derecho moderno, aunque con distinto sentido, por la desaparición de los *alieni iuris*.

7. La **actividad jurídica de los subordinados familiares** como agentes del jefe doméstico se regía por el principio general de que todo lo que fuera ganancia aumentaba directamente el patrimonio del jefe, pero no se le cargaban, en cambio, las deudas que aquellos subordinados contrajeran, así como tampoco valían los actos de disposicion de bienes no-peculiares si faltaba la autorización del jefe. En rigor, este principio era difícilmente viable, porque, en la vida jurídica, las ganacias y las deudas suelen ir combinadas en los mismos actos jurídicos, y no se puede aplicar un régimen tan contrario para unas y otras.

Ya resultaba inadmisible que en un acto de adquisición que implicaba por sí mismo una obligación, pudieran escindirse ambos elementos. Así, si se prestaba una cantidad a un esclavo –por un senadoconsulto se llegó a prohibir que se prestara dinero a un hijo de familia–, era claro que ese dinero se hacía de su dueño, pero conllevaba la obligación de devolverlo, y aquel dueño no podía quedar obligado sin su consentimiento; o también, si un esclavo o un hijo aceptaban la herencia que les hubiere dejado otra persona, esa herencia era para el que tenía potestad sobre ellos, pero tal adquisición le obligaba a pagar las deudas del difunto, y para ese endeudamiento se requería su conformidad. Para estos casos, el acto requería la autorización (*iussum*) del jefe, y, sin ella, ni adquiría nada ni quedaba obligado por tal adquisición, en tanto, en virtud de ella, quedaba él mismo directamente como deudor.

Esta autorización de potestad o "**yusión**" (*iussum*, *iussus*, también *iussio*) (XI 5), era un acto entre tres personas: el que autorizaba el acto, el autorizado que actuaba a sus órdenes y el tercero con el que se debía hacer el acto ordenado. Esta figura jurídica tripersonal aparece a veces como "delegación", en la que intervienen un delegante que hace la yusión, un delegado que cumple su mandato, y un delegatario frente al que el delegante asume las consecuencias del acto. Como entre el delegante y el delegado hay una orden o mandato (aunque no sea en el sentido técnico de "contrato de mandato"), la yusión ha tendido a confundirse con el mandato, y el verbo "*iubére*" con "*mandare*", pero la yusión es un acto más complejo que el mandato que puede haber entre sólo dos de sus tres términos. Es claro que cuando interviene un hijo o un esclavo, no cabe un mandato propiamente dicho por parte del jefe doméstico, pues el mandatario es siempre una persona ajena a esa potestad.

8. Por esta misma autorizacion yusoria, cuando se refería a las obligaciones contraídas por un contrato hecho por el hijo o el esclavo, el jefe doméstico autorizante quedaba directamente obligado en virtud de una acción especial dada por el pretor en cuya fórmula se cargaba al jefe autorizante con la deuda contraída por su hijo o esclavo. Un tipo similar de fórmula se daba para cargarle con las deudas contrarias por uno de aquellos subordinados, en este caso incluso alguien ajeno a la familia, que hubiera sido conocidamente encargado de un negocio terrestre o marítimo, siempre que las deudas fueran contraídas en razón de aquel negocio.

Cuando, en cambio, la deuda hubiera sido contraída sin esas formas de autorización del acto o actos, el jefe sólo respondía de tal deuda en la medida en que el peculio del subordinado endeudado fuera suficiente para pagarla o, en todo caso, en la medida del enriquecimiento obtenido por el jefe. Así, por ejemplo, si un esclavo había comprado algo, lo comprado y entregado por el vendedor se hacía directamente del jefe, pero éste debía pagar el precio convenido por el esclavo tan sólo si la compra se hizo con su autorización o encargo; si se había hecho sin ellos, respondía con el peculio del esclavo, y si éste no tenía peculio suficiente, sólo debía abonar al vendedor el valor real de lo adquirido, mediante la *actio de in rem verso*, desfigurada en el derecho post–romano, aunque fuera inferior al precio convenido.

Así, mediante estas acciones que daba el pretor y se llaman "adyecticias", se hacía posible una actividad negocial mediante la agencia de los subordinados; de hecho, eran los esclavos los que con mayor frecuencia ejercían la profesión de comerciantes en provecho de sus dueños.

9. Este régimen de responsabilidad indirecta del jefe por las deudas de sus subordinados valía para los negocios contractuales (lecc. XII) que son civiles, pues en caso de acciones pretorias de devolución de la tenencia de cosas dejadas a los subordinados, tales acciones se daban directamente contra el jefe que podía devolverlas.

Pero un régimen muy distinto era el de las **deudas contraídas por delitos** de los subordinados que el derecho romano consideraba delitos privados y no crímenes públicos, como, sobre todo, el hurto o sustracción de cosas ajenas (IX 4). Por los delitos, la posible condena tiene el carácter de "pena".

Según un régimen antiquísimo, la víctima del delito podía, en venganza, castigar personalmente al que lo había cometido, pero, estando éste bajo la potestad de otra persona, tal facultad chocaba con la potestad del jefe, que podía impedir tal castigo de su subordinado. La solución de este conflicto de poderes consistió en hacer pagar la pena en dinero al jefe que no prefería entregar, a la víctima del delito, la persona del subordinado que lo había cometido. Con ese fin se daba una "**acción noxal**". La entrega que liberaba al jefe, llamada *noxae deditio* ("entrega para el castigo"), requería un acto formal de traspaso de potestad.

En estos casos de acción noxal, la responsabilidad por el delito es personal del que lo cometió; aunque quede inhibida su actualización por ese régimen especial del posible abandono noxal, tal responsabilidad subsiste en el esclavo o hijo, de suerte que, si cambian de dueño o de padre, la acción noxal se dará contra el que venga a tenerle bajo su potestad; y si el esclavo es manumitido o el hijo se hace *sui iuris*, cesa el régimen noxal y la acción penal del delito cometido se da contra ellos. Esto es lo que significa el principio de que "el delito va con el individuo" (*noxa caput sequitur*): su "persona" puede cambiar, pero no su individualidad (*caput;* supra 3).

En caso de haber sido un hijo el que cometió el delito, tal entrega formal le convertía en un cuasi-esclavo de la víctima que lo recibía; pero este régimen de la "acción noxal" por deudas delictuales empieza a relajarse para los hijos ya en época clásica, y en el Digesto no aparece más que para los esclavos, pues los hijos, en esa época, tienen ya capacidad para responder de sus propios delitos, y, ya en época clásica, podían pagar la pena con su peculio castrense (supra 5), cuando lo tenían.

LECCIÓN V

TUTORES, CURADORES Y PROCURADORES

1 . En la lección anterior hemos visto cómo los hijos y los esclavos son los representantes naturales de sus jefes domésticos. Pero la representación o sustitución de una persona en actos jurídicos que interesan al representado se da en otras situaciones distintas del caso de la potestad del *pater familias* representado por sus subordinados (*alieni iuris*).

Una gestión **representativa** similar a la de los subordinados domésticos se da en aquellos casos de hijos *sui iuris* por ser huérfanos, pero que, por razón de su edad, son incapaces de intervenir personalmente en actos jurídicos que interesan a su patrimonio, y otros casos en los que falta esa que llamamos "**capacidad de obrar**" a personas con la "capacidad jurídica" para tener su propio patrimonio. También es imprescindible un gestor para representar a aquellas colectividades que hemos llamado "**personas jurídicas**" (II 9 s.). Asimismo, se puede dar una representación privada de las personas **ausentes** o que, en todo caso, encargan una gestión patrimonial a otro ciudadano que las represente; esta representación convencional es muy frecuente en el trámite de las acciones, en cuyo caso puede faltar el encargo por parte de un demandado ausente, que corre el riesgo de incurrir en indefensión (III 5).

2 . En los tres términos de esta lección –tutores, curadores y procuradores– aparece la idea de tuición o cuidado (*cura*) de lo ajeno; se trata siempre de gestores que defienden la buena administración de unos bienes ajenos. La diferencia entre "**curadores**" y "procuradores" está en que aquéllos tienen un encargo público, y éstos, privado; los curadores son de muchas clases en la vida pública, pero también hay algunos oficialmente nombrados para defender intereses privados: sólo éstos nos pueden interesar. Los "**tutores**" sustituyen al *pater familias* en el caso de incapacidad de obrar de los que no tienen edad suficiente para responder de sus actos, o de las mujeres *sui iuris* de cualquier edad, incluso, ordinariamente, las casadas. Pero este régimen de la incapacidad de obrar de las mujeres se debilitó, ya en época clásica. La necesidad de una autorización (*auctoritas tutoris*) no se eliminó para los actos jurídicos de las mujeres, aunque tuvieran la edad suficiente, sino que se tendió a dejar que ellas pudieran elegir a su gusto al que había de ser su tutor; el progreso se hizo lentamente gracias a los remedios inventados por la Jurisprudencia, a algunas mitigaciones legales y a la fuerza de la misma práctica. En lo que sigue prescindimos de las particularidades de la *tutela mulieris* y nos referimos exclusivamente a la tutela de los incapaces por falta de edad suficiente.

3. Los niños y niñas, llamados con el diminutivo de *pupus* (niño), *pupilli / pupillae* (la "pupila" sigue siendo la "niña" del ojo humano) es claro que no podían intervenir en actos jurídicos, pues no podían responder de las consecuencias de su actuación, y por eso necesitaban de un tutor, siempre que no se hallaran bajo la potestad de sus padres.

La tutela sobre los **pupilos** no se refería a la persona de éstos –su educación, salud, modo de vida, etc.–, sino a su patrimonio. Esta defensa del patrimonio se entendió con una doble finalidad: de conservación del patrimonio a favor del niño o niña que dejarían, con el tiempo, de ser incapaces, pero también en interés de sus previsibles herederos, si acaso esos niños huérfanos se morían. Este segundo punto de vista explica que, en principio fueran tutores, por imperativo legal, los parientes civiles más próximos (VII 2), como podían ser, si los había, los hermanos; sólo los varones, ya que las mujeres, que no pueden tener potestad familiar, tampoco pueden ser tutoras. Algo parecido sucede con los huérfanos que eran incapaces, no por falta de edad, sino por **demencia**, pero, en este caso, no se habla de "tutores", sino de "curadores" y de "curatela" (*cura* *furiosi*): la ley los sometía a sus agnados más próximos, y, en este caso, sin expectativa de que el incapaz dejara de serlo.

Una curatela similar se da en otros varios casos de incapacidad personal, de muy ancianos o minusválidos y, especialmente, en el de aquellos que, siendo capaces de administrar su patrimonio, habían sido declarados "pródigos" por haber despilfarrado malamente su propio patrimonio. Pero, en estos casos, era el magistrado quien nombraba tales "curadores", como también siempre que un patrimonio carecía de quien lo administrara. Mayor importancia tiene la curatela de los llamados *minores*, que presenta un carácter muy distinto, y de la que se hablará más adelante (infra 6).

Aunque, en principio, fueran tutores los previsibles herederos, la Jurisprudencia admitió que un padre pudiera, en su testamento, nombrar a un tutor para el caso de morir él dejando un hijo sin la edad suficiente. Y también podía suceder que este incapaz se encontrara sin tutor (por falta de parientes civiles y de tutor testamentario), y entonces el legislador vino a autorizar al magistrado para que le nombrara uno de oficio, teniendo en cuenta las posibles excusas de las personas que, por algún motivo, no querían asumir ese encargo; porque ese encargo oficial, como el de ser juez (III 10) y otros, era un deber público (*munus*).

Esta tutela magistradual dio un giro importante a toda la institución, pues con ella resultaba evidente que el oficio del tutor era el defender los intereses del tutelado, y no los suyos, como posible heredero del incapaz.

4. Como un dato impuesto por la misma naturaleza humana, la responsabilidad de un joven parece coincidir con aquel momento de su vida en el que "se hace hombre"; en ese momento puede entrar en el ejército y en las asambleas de ciudadanos, puede administrar su patrimonio y puede casarse. Este último aspecto, el matrimonio, por ser fisiológicamente determinable, fue el decisivo para reconocer la capacidad de obrar. Por eso, aunque era comprensible que la misma familia anunciara socialmente el reconocimiento de haber llegado ese momento de responsabilidad del joven (que no siempre coincide con una edad exacta) –y solía ser hacia los 17/18 años del joven–, el derecho acabó por fijar una edad exacta, pues ofrecía más seguridad para las relaciones jurídicas, y precisamente la fijó en aquella edad mínima de aptitud para el matrimonio, a los 14 años, en que suele aparecer como manifestación aparente, el vello "puberal". A efectos del matrimonio, se admitió el de las jóvenes con 12 años, de acuerdo con la naturaleza más precoz del sexo femenino; sólo que, para las mujeres, la llegada a esa edad matrimonial no la liberaba de la tutela por razón de sexo, como ya se ha dicho (supra 2).

Así, la "**pubertad**", es decir, la llegada de la aptitud para la procreación, venía a liberar, a los jóvenes varones que no se hallaban bajo la potestad paterna, de la potestad de sus tutores; en todo caso, se hacían capaces de obrar, aunque, de hecho, para el derecho público, continuara manteniéndose la antigua exigencia de mayor madurez. Se comprende que este momento sea de especial importancia para los que, por ser *sui iuris*, tienen un patrimonio que poder administrar personalmente.

5. La **gestión del tutor** debía ser plena en tanto su pupilo no tenía "uso de razón", como suele suceder a partir de los 7 años. A partir de ese momento de superar la "infancia", el impúber empezaba ya a responder de sus delitos, por su malicia o dolo, pero también podía intervenir razonablemente en los actos jurídicos, aunque, para la validez de éstos, fuera siempre necesaria la autorización de su tutor (*auctoritatis interpositio*). También en esto vemos la diferencia entre la "potestad" gestora del tutor del *infans*, y la "autoridad" del tutor del pupilo que ya había superado la infancia.

De su gestión en el patrimonio del pupilo el tutor quedaba responsable, y, por eso, al terminar su administración debía rendir cuentas al pupilo, ya capaz de exigirlas. Para asegurar esa correcta administración, el magistrado exigía de los tutores una previa **caución** estipulatoria (XI 6) de salvaguardar el patrimonio del pupilo (*cautio rem pupilli salvam fore*); excepcionalmente, el tutor podía ser acusado, y removido de su cargo, antes de terminar la tutela.

Dado que el índice de mortalidad de los padres era en Roma más alto que hoy, hay que pensar que el número de huérfanos necesitados de tutela era muy elevado, y esto explica la gran importancia que la Jurisprudencia daba al tema de la tutela de impúberes, y también a la disposición testamentaria por la que se venía a nombrar un heredero para un hijo que muriera antes de llegar a la pubertad y poder disponer él libremente de todo lo suyo, y de hacer testamento por su propia cuenta: es la "**substitución pupilar**" (*substitutio pupillaris*).

6 . La edad de 14 años, en que vino a fijarse la pubertad, podía ser útil a efectos de la libertad del matrimonio, y de la validez de los actos jurídicos sin intervención del tutor, pero, evidentemente, esa edad era algo prematura a efectos de la plena responsabilidad por tales actos. De ahí que se introdujera un régimen especial para salvar la imprudencia de los púberes **menores de 25 años**; ésos son propiamente los llamados *minores*. Sus actos son válidos, pues ellos son capaces de hacerlos, pero su posible imprudencia juvenil requiere cierto remedio jurídico.

Una antigua ley había introducido una acción contra los que abusaran maliciosamente de la imprudencia de esos ya capaces pero *minores*. Cuando, ya en época clásica, el pretor daba una acción "de dolo" contra todo el que engañaba maliciosamente a cualquier persona, aquella antigua sanción legal se hizo superflua; pero apareció una nueva protección del pretor, en virtud de la cual, el *minor* que se había engañado él mismo, aunque fuera sin malicia de otro, podía rescindir lo hecho; éste es el caso de las "restituciones por entero" (*restitutiones in integrum*) que más perduró en la historia del derecho civil post-romano. La rescisión de los actos en los que el *minor* había resultado perjudicado consistía, cuando los efectos del acto ya se habían producido, en dar una acción con la ficción (III 8) de que tal acto no se había celebrado, y, si se trataba de una deuda contraída pero aún no cumplida, en dar una excepción (III 9) contra la posible reclamación de tal deuda.

Con el fin de prevenir estas posibles rescisiones, los que negociaban con los *minores* solían pedir el nombramiento de una persona que, en función de "**curador**", pudiera luego disipar la sospecha de daño injusto en los intereses de ese menor de 25 años, y la práctica llegó a convertir esta intervención en estable para todos los actos jurídicos de aquel *minor*. De este modo, se produjo una cierta aproximación del régimen de rescindibilidad de los "menores" al de incapacidad de los impúberes: del "curador" al "tutor". Con el tiempo esta aproximación iba a convertirse en equiparación en el sentido de considerar incapaces de obrar a los menores de 25 años: un resultado exagerado que llevaría, en tiempos recientes, a rebajar gradualmetne la "menor edad" causa de incapacidad, de los 25 a los 18 años, es decir, aproximadamente a la edad en que se había fijado la declaración de la pubertad viril antes de rebajarse a los 14 años.

7. Como ya se ha dicho (supra 1), los "**procuradores**" eran representantes que podían intervenir en interés de otras personas, sea espontáneamente, como "gestores de negocios" (en sentido técnico), sea por encargo del representado, en virtud de un contrato de "mandato". Si en la burocracia imperial aparecen *procuratores* públicos, y se llaman *mandata* a las órdenes que reciben del emperador, esto se debe a que, en su origen, eran gestores privados del patrimonio imperial, que sólo la función que desempeñaban convirtió en agentes públicos. Las personas jurídicas colectivas, en cambio, eran representadas por agentes que pueden llamarse "*actores*" o de otro modo, o ser incluso también los magistrados locales, pero, por su carácter público no son nunca *procuratores*.

El hecho de que hoy se llame "procurador" sobre todo al que representa a un litigante en el proceso (cuya función es distinta a la del abogado, que sigue careciendo de un poder de representación de su cliente) deriva de que, en efecto, el caso más frecuente de representación, en Roma, era el del que comparecía en nombre de un litigante no-presente. Como ya se ha dicho, la representación de un demandado ausente era muy necesaria para evitar que incurriera éste en indefensión; cuando, en cambio, se representaba a un demandante, el demandado podía exigirle mediante una excepción (III 9) que probara ante el juez que lo hacía por mandato del ausente, pues es menos explicable que alguien se meta a demandar en nombre de otro si no ha recibido mandato de hacerlo.

8. El **mandato** (*mandatum*, de *manus*, poder, y *dare*, dar), es un contrato de apoderamiento, por el que un mandante encarga, una gestión que le interesa, a un hombre libre que, como mandatario, se obliga a cumplirla diligente y gratuitamente; sobre la diferencia entre el mandato y la yusión ya se ha hablado en IV 7. Como en todos los contratos, nacen del mandato dos acciones recíprocas: una, del mandante, para exigir las consecuencias de la gestión, y otra "contraria", del mandatario, para que se le indemnicen los gastos y perjuicios que la gestión le puede haber ocasionado.

Como contrato de confianza personalísima, la relación contractual no se transmite a los herederos, pero éstos pueden, de todos modos, ejercitar las acciones para las deudas que hayan quedado pendientes.

Este contrato es uno de los cuatro contratos consensuales de los que se tratará en la lección XII 5, y, como tal, se rige por la "buena fe" que obliga a un cumplimiento diligente del encargo.

Cuando, en cambio, no hay mandato, sino **gestión** espontánea (*negotiorum gestio*), se dan otras acciones similares, pero la medida de la responsabilidad de ambas partes es distinta a la del contrato, en razón, sobre todo, de que el *gestor* nada podía exigir si su gestión espontánea no había sido útil y previsiblemente aceptable, pues no es razonable entrometerse sin necesidad en los negocios ajenos, aunque puedan resultar muy ventajosos para quien no deseaba hacerlos.

La accción de gestión de negocios "contraria" de que disponía el gestor no suponía necesariamente que éste probara haber querido gestionar algo ajeno, y por eso resultaba práctica esa acción siempre que alguien hubiera causado, en propio perjuicio, una ganancia a otra persona sin obligación por su parte, es decir, como acción por el "enriquecimiento injusto".

9. En todo caso, esta representación de los procuradores (mandatarios o no) no sirve, en derecho romano, para que los efectos del acto hecho por el representante afecten directamente al representado: afectan directamente al que los hace y sólo después deben transferirse esos efectos al representado. Se dice así que la representación, en Roma, era "**indirecta**", aunque ya se ha dicho (IV 8) que, en cierta medida, la representación "directa" se daba en la gestión por los propios esclavos o hijos, así como en la de los incapaces y en la de las personas jurídicas, que no podía ser de otro modo.

Fue por analogía con lo que sucedía con los actos de uno de esos subordinados puesto al frente de un comercio, en función de *institor*, cómo se llegó a admitir, a finales de la época clásica, una acción especial (llamada "*quasi-institoria*") para lograr la representación directa en las obligaciones contraídas mediante mandatario; fue éste un paso decisivo para la representación directa que ha prevalecido como algo general en el derecho moderno.

La dificultad que encontró el derecho romano para admitir la representación directa fuera del ámbito de los subordinados familiares se debió a su personalismo, en virtud del cual sólo las personas que intervienen en un acto pueden quedar afectadas por él; de todos modos, no sólo a través de los subordinados familiares, como hemos visto, sino también mediante la "delegación" por "yusión" (IV 7), se alcanzaba el efecto de una representación directa fuera del ámbito familiar.

LECCIÓN VI

PATRIMONIO Y MATRIMONIO

1 . El patrimonio es el oficio del *pater familias* y el matrimonio es el de la madre, que también puede tener un patrimonio, si es mujer *sui iuris*, pero, en principio, no lo gobierna ella con plena independencia (II 8), como tampoco tiene potestad sobre sus hijos, aunque sí puede tener esclavos en su patrimonio.

Aunque en toda familia haya un jefe, que es el *pater familias*, la patria potestad depende del matrimonio, pues sólo los hijos legítimos (además de la excepción de los adoptivos: IV 3) entran bajo la patria potestad de su padre. Es más, como la paternidad es un hecho difícil de probar, es la certeza del parto la que determina esa paternidad -por eso se dice que "la madre es siempre cierta"-, y, en consecuencia, la patria potestad. De ahí el gran respeto jurídico por la mujer legítima (*uxor* en latín); de hecho, como ha ocurrido siempre, el orden interno de la casa, el cuidado de los hijos y esclavos, la misma economía doméstica era más el oficio matrimonial de la madre que el patrimonial del padre.

El **matrimonio** romano, a pesar de todo, es muy distinto del moderno, como se verá por lo que sigue. De ahí que el matrimonio romano carezca de interés para la formación de un jurista moderno, y sea poco lo que tengamos que decir de él aquí. Para el jurista moderno, el derecho matrimonial "clásico" es el canónico, de la Iglesia Católica, hasta el punto de que, también en las actuales legislaciones agnósticas, e incluso declaradamente anticatólicas, la estructura del matrimonio, como vínculo que se "contrae" y se puede "disolver", es fundamentalmente la recibida de la tradición canónica, aunque despojada de los principios sacramentales y hasta de los del derecho divino natural. También la disciplina de los llamados "impedimentos matrimoniales" del derecho civil procede del derecho canónico, y tiene poco que ver con el régimen del "conubio" romano (*ius conubii*), cuyo concepto de capacidad matrimonial no presuponía el principio de libertad ordinaria para contraer matrimonio cualquier persona; por ejemplo, no podía haber matrimonio con extranjeros.

2 . El matrimonio romano, en primer lugar, no se presenta como una relación perfectamente simétrica: la mujer es la parte "nupcial" (de *núbere*, que venía del acto de cubrirse con un velo, como sólo hace la novia), en tanto el marido "se lleva una mujer legítima a su casa" (*uxorem ducit*). Antiguamente, había sido frecuente celebrar un acto jurídico solemne cuyo efecto era el de hacer entrar a la mujer bajo la potestad de su marido (la llamada, por excelencia, *manus*, de donde la frase "pedir la mano"), o, como sería lo más frecuente, bajo la patria potestad de su suegro, en tanto el marido no se hacía *sui iuris*; tal acto equivalía a una adopción: la mujer perdía su personalidad familiar anterior –por *capitis deminutio* (IV 3)– y quedaba como hija civil de su marido y nieta de su suegro. Pero este régimen del poder marital había decaído en la época clásica, y se había generalizado el matrimonio sin *manus*, por el que la mujer seguía perteneciendo a su familia paterna, y el marido no adquiría potestad alguna sobre ella; es más, ni siquiera tenía que ser necesariamente su tutor (V 2). De todos modos, esa antigua posición de la mujer bajo la potestad marital determinó algunas particularidades jurídicas que subsistieron; sobre todo, la de que no valían las donaciones entre cónyuges que excedieran de los pequeños regalos de costumbre; esto tenía sentido cuando la mujer casada era hija civil de su marido, pero no se explicaba bien en el matrimonio sin *manus*, y por eso se acabó por admitir que tales donaciones entre cónyuges quedaban convalidadas cuando el donante se moría sin haberlas revocado.

Pero lo más característico de ese matrimonio pagano era que no había en él un vínculo jurídico; no había en él nada parecido a un contrato; por ello mismo, no había que disolverlo, como se hace hoy, con intervención judicial, sino que podía cesar sin más por el hecho de una separación voluntaria y definitiva, que es lo que significaba *divortium*; cualquiera de los cónyuges podía **repudiar** al otro sin necesidad de formalidades judiciales.

El matrimonio era así una situación de hecho, aunque tuviera efectos jurídicos indirectos: era una unión honorable y de suyo perpetua, pero que podía cesar en cualquier momento por la voluntad del que "repudiaba" al cónyuge dejando definitivamente de vivir con él.

Por esa misma falta de vínculo, los posibles festejos con que se iniciaba el matrimonio, así como la misma formalidad de enviar un mensajero (*nuntium míttere*) para comunicar el repudio, no eran requisitos exigidos por el derecho, sino modos habituales de dar cierta constancia social del comienzo y fin de la convivencia conyugal de hecho: de convivencia nupcial de la mujer y marital del hombre.

3. Más importancia tenía la antigua costumbre de cruzarse por parte de los novios unas recíprocas promesas de futuro matrimonio, llamadas "**esponsales**"; por ejemplo, de unirse si sucedía algún hecho previsible o cuando se llegara a la pubertad. Estas promesas no eran judicialmente exigibles, pues el matrimonio nunca podía dejar de ser libre, pero su incumplimiento daba lugar a la pérdida de lo regalado con ocasión de esa ceremonia, si desistía de casarse el que lo dio, o de devolverlo duplicado en su valor, si desistía el que lo recibió. Son las llamadas "arras", que figuran a veces en las bodas de hoy, pero que tienen ahora un sentido puramente simbólico, como residuo que son de un antiguo acto pre-matrimonial. De hecho, los esponsales han caído en desuso desde que el Concilio de Trento, en el siglo XVI, exigió la ceremonia de bendición eclesiástica para iniciar el matrimonio, que antes podía iniciarse por el hecho de la cohabitación de los "prometidos" mediante esponsales; con este cambio, los "esposos" dejaron de ser los novios "prometidos" para ser los ya casados.

4. Dada la situación de la mujer casada, muy frecuentemente privada de patrimonio por ser hija de familia, es comprensible que se previera su viudez o divorcio con la posibilidad de tener algo en ese momento. Con ese fin, se daba al marido, de parte de su mujer –ordinariamente lo haría su padre–, una cantidad de bienes que constituyen la "**dote**" (*dos*, genitivo: *dotis*). Estos bienes entraban en el patrimonio del marido, o en el de su padre pero con reserva para el marido a la muerte de su padre; servían así para sobrellevar las cargas económicas del matrimonio, que pesaban sobre el marido, pero, al extinguirse el matrimonio, debían restituirse, esos bienes o su valor, sea al que, al dar la dote se había hecho prometer –por caución estipulatoria: lección XI– su devolución por parte del marido que la recibía, sea, en otro caso, a la misma mujer viuda o divorciada, a la que el pretor concedía una acción especial con ese fin. Por esta razón, aunque la dote fuera del marido, no dejaba de ser, en cierto modo, algo de la mujer: *res uxoria*. No era infrecuente, por lo demás, que el marido, en su testamento (VII 6), hubiera dejado la dote, o algo equivalente en su lugar, a favor de su viuda. Si le dejaba algo más con la condición (X 7) de que no se volviera a casar, ella, al morir su marido, debía prometer, por caución estipulatoria (XI 6), la devolución en caso de pasar a nuevas nupcias (II 8). Este régimen resultaba ilícito al premiar Augusto las nuevas nupcias, pero ese tipo de caución siguió valiendo para otras disposiciones testamentarias bajo una condición negativa que podía incumplirse hasta el último momento de la vida.

Por lo demás, al no existir un vínculo de parentesco entre los cónyuges, tampoco se heredaban entre sí, aunque, como veremos (VII 5), el pretor les concedió una herencia de hecho en defecto de herederos parientes; pero era muy frecuente que el marido dejara a su viuda un poder limitado y temporal sobre su patrimonio que es el usufructo (VIII 6).

Distintas de la dote eran las donaciones que se hubieran podido hacer en previsión de un futuro matrimonio (*donationes ante nuptias*), y que el donante podía recuperar en caso de que aquel matrimonio no llegara a realizarse.

El derecho de la época cristiana iba a modificar profundamente todas estas relaciones patrimoniales del matrimonio, pero esto es extraño al derecho clásico.

5. El "**padre de familia**" (*pater familias*) puede no tener hijos bajo su potestad, pues puede ser *sui iuris* un niño, pero tiene siempre un patrimonio propio, del que puede disponer libremente, si no se halla bajo tutela o la curatela de inválidos (V 3). En la Jurisprudencia, la expresión "*pater familias*" significa la persona que dispone libremente de su patrimonio, y "*bonus pater familias*" es una manera de referirse a un modelo de buen gobierno patrimonial, de diligente administración de los bienes: una conducta incorrecta, con *culpa* (XII 7), es decir, negligente, es la conducta que no se ajusta a ese modelo.

En derecho romano, una persona no puede tener más que un único patrimonio; los peculios de que hemos hablado (IV 5) son partes separadas de un patrimonio único. En algunos casos, para evitar una responsabilidad por deudas heredadas que parece excesiva, el pretor concede una separación de bienes, pero esto no quiere decir que lo separado sea otro patrimonio de la misma persona, pues ésta no puede disponer de lo así separado (VII 1).

En cambio, puede darse el caso de que una herencia que ha de ser aceptada para ser adquirida sea un patrimonio sin dueño actual (en tanto no la adquiere el heredero): es la llamada herencia "yacente" (VII 2), y en algún otro caso puede ocurrir que una cosa carezca temporalmente de dueño, como sucede cuando un esclavo es manumitido tan sólo por el nudo propietario (VIII 6).

6. Los actos de disposición pueden ser de efectos consecutivos –que llamamos "*inter vivos*"–, o pueden estar previstos para tener efecto después de la muerte, que son entonces "a causa de la previsión de muerte" (*mortis causa*).

Así también, algunos actos de disposición se hacen por un interés económico –son llamados "onerosos" por suponer una carga (*onus*) de la ventaja que se hace a otra persona–, o pueden hacerse por pura liberalidad, para enriquecer el patrimonio ajeno empobreciéndose en la misma medida el propio, como son las donaciones (y, a su modo, las disposiciones *mortis causa*), actos de liberalidad propiamente "lucrativos" porque proporcionan, sin carga de deuda, un enriquecimiento (*lucrum*) a otra persona. Estos actos "lucrativos" no deben confundirse con los llamados "gratuitos", que suponen también un favor desinteresado a otra persona pero sin enriquecer su patrimonio empobreciendo el propio, como ya hemos dicho (V 7) que sucede en el contrato de mandato. Puede haber todavía comportamientos de generosa liberalidad que no son actos lucrativos, porque no enriquecen a otra persona, ni tampoco son propiamente actos gratuitos, sino que carecen de relevancia jurídica, como es por ejemplo el invitar a comer a alguien: no es una donación, como una limosna, ni un acto gratuito, como el préstamo de un libro, sino algo que queda fuera del ámbito del derecho, pues, afortunadamente, no toda nuestra conducta puede ser enjuiciada por los jueces humanos.

7. Las cosas que cuentan en un patrimonio se llaman "bienes" (*bona*), por el interés privado que pueden reportar. Pero hay muchas cosas fuera del patrimonio privado, con las que no se puede comerciar.

Muchas cosas, y muy vitales, no pertenecen a nadie porque son de todo el mundo, como el aire que respiramos y el agua; respecto al agua, conviene advertir que no es una cosa pública –como pretenden a veces los Estados modernos– sino "**común**", aunque esto no quiera decir que el dueño de una finca no pueda impedir que alguien llegue sin su permiso a aprovecharse del agua de su terreno; no por ser suya el agua, sino el suelo en que ésta mana o fluye. No es el mismo el derecho respecto a las minas o canteras, que, como parte del suelo, sí pueden ser de un dueño privado; si llegó a declararse que son cosas "públicas", esto se debe a que en las provincias, que eran la mayor parte del suelo del Imperio, todas las fincas son del emperador, y los particulares pueden tener un derecho tan sólo a vivir en ellas y cultivarlas; pero la explotación de una mina no entra en el cultivo, y por eso requiere un permiso especial de la hacienda imperial o "fisco".

Pero sí hay otras muchas cosas "**públicas**", que no están en los patrimonios privados porque pertenecen al Pueblo romano (o de los municipios): ríos, carreteras, murallas, calles y plazas, etc.; algunas de ellas tienen carácter **religioso**, como los templos e instrumentos del culto, que se llaman "sagradas" o "de derecho divino", en cuyo último término entran también, como "cosas religiosas", las sepulturas, incluso las de los esclavos, cuya plena humanidad se reconoce mejor después de muertos. Sobre estas sepulturas no hay propiedad, sino un derecho no-comercial de los que las hicieron, o, en principio, de sus familias: un derecho a enterrar *–ius mortuum inferendi–*, sea el cadáver, sea las cenizas de un difunto; porque los dos ritos funerarios, de inhumación o incineración, coexistieron en la Roma clásica, aunque el cristianismo acabó por imponer la costumbre judía de la inhumación.

8. El poder directo sobre el propio patrimonio se llama "**dominio**" (*dominium*) o "señorío" privado, como poder sobre las cosas de la propia casa o *domus* (concepto distinto de la casa como edificación o *aedes*, siempre en plural). La palabra "dueño" (*dominus*) sirve para designar a la persona que tiene el dominio privado sobre una cosa.

Los Romanos identificaban ese poder con las cosas mismas: "esta cosa es mía" equivale al moderno concepto de "tengo derecho de propiedad sobre esta cosa"; esa concepción romana es realista por cuanto la relación de pertenencia de las cosas es muy distinta según la diferente naturaleza de las cosas, lo que determina su diferente aprovechamiento, como explicaremos en la lección VIII.

La palabra *proprietas*, de donde "propiedad" (con pérdida de la segunda R), se refería a una relación de inferior categoría que el dominio civil. Si se generalizó ese término, esto se debe a que sobre las fincas provinciales –que, para el punto de vista no-urbano como es el de decadencia, resultan lo más importante– el dominio era del emperador y los particulares tenían tan sólo una *proprietas*. Sobre el suelo del Pueblo romano (*ager publicus*) podía haber concesiones de explotación agraria estable, que, sin ser de dominio privado, venían a tener el mismo efecto; fueron objeto de discusión social, por la ventaja que podían reportar a grandes latifundistas de Italia, y por eso dieron lugar a varias leyes agrarias y conflictos políticos sobre ellas. También hubo una relación similar con las fincas que los municipios concedían a particulares, a perpetuidad y mediante el pago de una contribución o "vectigal", y respecto a ellas se habla de "campos de vectigal", y, de los concesionarios, como "vectigalistas": de esa relación deriva el "censo enfitéutico" post-romano (XII 10).

Tanto las fincas privadas como las públicas podían ser cedidas temporalmente mediante el contrato de arrendamiento (del que se trata en la lección XII), que eran ordinariamente de cinco años para las explotaciones agrarias. Pero también podía un dueño particular ceder una finca gratuitamente, reservándose el poder revocar la concesión cuando él quisiera; se habla entonces de "precario", porque la concesión solía hacerse a ruegos (*preces*) del que quería ser precarista; era ésa una forma de favorecer, pero también de sujetar económicamente, a personas necesitadas de una tierra que cultivar.

Los extranjeros, por lo demás, no podían tener un dominio civil, pero el magistrado les concedía, sobre las cosas que les pertenecían, una protección similar de su tenencia y hasta una fórmula con ficción (III 8) de ser ciudadanos para reclamarlas cuando habían perdido esa tenencia protegida por el magistrado.

9. En efecto, la protección del dominio sobre las cosas podía ser para retenerlas en la propia tenencia o **posesión**, para lo que se concedían interdictos, o para reclamarlas cuando se había perdido la posesión; con este último fin se concedía la acción "real" por excelencia, la "reivindicatoria", al que pretendía ser dueño contra el poseedor que tenía la cosa que aquél reclamaba como suya.

El término *possessio*, que equivale a "asentamiento", es claro que empezó por referirse a la tenencia de fincas, por parte de los dueños de todo tipo, pero la Jurisprudencia extendió el concepto a todas las cosas tangibles que se podían retener materialmente, lo que como veremos en la lección VIII, tiene que ver con el uso de los bienes patrimoniales. En el derecho post-romano se ha extendido la "posesión" hasta comprender en ese concepto el ejercicio de cualquier derecho.

El verbo "*possidére*", poseer, aparece en algunas leyes relativas a concesiones del suelo público junto a los verbos "*uti*" (usar), "*frui*" (obtener frutos) y "*habére*" (tener a disposición). A falta de una definición del dominio, que los juristas no creyeron necesaria, tenemos en esos cuatro verbos una descripción del contenido del derecho de pertenencia dominical. Sobre los otros conceptos se tratará en VIII 1, pero interesa decir ya aquí que el elemento más esencial del dominio es el *habére*, que significa el poder disponer enteramente de lo propio; porque el uso, el disfrute y la posesión, como veremos, pueden cederse a otras personas sin dejar de ser dueño quien los cede.

El acto de disposición dominical más importante es el de "dar" el dominio a otra persona. A diferencia del verbo "entregar" (*trádere*), "dar" (*dare*) quiere decir precisamente hacer dueño a otro de lo que pertenece a nuestro patrimonio.

10. Esta "dación" o transmisión del dominio puede hacerse de distintas maneras. Dejamos aparte aquellos casos en que un patrimonio entero cambia de dueño por herencia (lecc. VII), pero también por arrogación (IV 3) o por adquisición de la *manus* sobre una mujer *sui iuris* (VI 1), y los casos de incautación por orden pretoria (III 5), que no son propiamente de transmisión del dominio. Nos interesan ahora los actos que sirven especialmente para adquirir el dominio de los bienes, que son los llamados "modos de adquirir la propiedad".

Hay un modo de adquirir el dominio sin transmisión, sino por apoderamiento posesorio de cosas que no han tenido dueño (*res nullius*), como es la "**ocupación**" por caza o pesca, y otros casos menos frecuentes, como el de la ocupación de objetos, no perdidos, sino voluntariamente abandonados por su dueño. A la ocupación puede aproximarse también la llamada "**accesión**", que se da cuando una cosa se une inseparablemente a otra principal, de suerte que el dueño de esta cosa principal se hace dueño de la accesoria que se le ha unido; los casos son muy variados, pero el más importante es el de la edificación con materiales ajenos y siembra o plantación en terreno de otro dueño: el dueño del suelo adquiere lo que se ha unido a él, que es la "*superficies*" (de "hacer algo encima", no el área, como se entiende hoy "superficie"). A esta accesión se refiere el aforismo "la superficie accede al suelo", es decir, "el vuelo accede al suelo", en virtud del cual los Romanos no podía admitir la propiedad por pisos. Naturalmente, en los casos de accesión, el expropiado debía ser indemnizado del valor de lo que perdió sin responsabilidad por su parte.

Los modos de transmisión del dominio propiamente dicha son muy diversos, pues algunos son de carácter público, como el ya mencionado de la *addictio* pretoria en caso de allanamiento (III 6) o las concesiones en dominio privado de terrenos que eran públicos, etc., pero los modos privados son dos, uno formal, que es la "mancipación" y otro no-formal que es la "tradición" o entrega.

11. La "**mancipación**" (*mancipatio*) era un viejo rito civil necesario para transferir el dominio de aquellas cosas que, como veremos en VIII 3, eran lo más importante del patrimonio de los antiguos labradores: el "*mancipium*", que comprendía la finca con sus servicios agrarios frente a los vecinos, los esclavos (*mancipia*, por excelencia, de donde "mancebos" o servidores) y los animales grandes de tiro o carga, que, con los esclavos, servían para el trabajo.

La mancipación consistía en un acto de apoderamiento formal (X 2), con palabras y gestos rituales del adquirente, en el que el dueño que transmitía podía, mediante su declaración –a modo de ley privada impuesta por su potestad sobre lo propio–, fijar algunos límites y reservas a su favor (X 9). Así, por ejemplo, podía declarar que la dación era "de confianza", es decir, con la obligación que contraía el adquirente de devolver lo recibido en determinado momento, según lo que se concretaba en unos pactos que se adjuntaban al acta de esa ceremonia: éste es el acto de **fiducia**, que fue, probablemente, la más antigua forma de "contrato", según veremos en XII 5, al tratar de los contratos. La finalidad de esta dación no-definitiva podía variar, pero la más frecuente era la de asegurar a un acreedor, mediante la retención del dominio de algo del deudor, el futuro cobro de lo que se le debía, pues, en caso de no pagar el deudor, podía el acreedor fiduciario proceder a la venta de lo que ya era suyo, y cobrarse así con el precio; en cuyo segundo caso, la acción que se había reservado el que dió en "confianza" no era ya para que le devolvieran la cosa, que había pasado ya al poder de un comprador, sino el exceso del precio respecto a la deuda que no fue pagada (*superfluum*).

12. Como la fiducia sólo podía hacerse, como la misma mancipación, sobre cosas del *mancipium*, ya desde muy antiguo admitió el pretor un negocio similar, sobre cualquier cosa, que es la "**prenda**" o *pignus* (de donde "pignorar" y "empeñar: entregar algo en prenda). En esta otra modalidad no se hacía dueño el acreedor, sino simplemente poseedor, y protegido como tal por los interdictos correspondientes a los poseedores. Pero, el acreedor pignoraticio, al no ser dueño, podía vender tan sólo porque el deudor pignorante se lo había permitido; así, lo decisivo en la prenda era ese permiso de vender –menos perjudicial para el deudor que el de quedarse el acreedor con el dominio de lo entregado por el deudor, como también podía hacerse por el pacto llamado "comisorio"–, y por eso mismo, se podía convenir que el acreedor dejara la posesión en poder de su deudor hasta que el acreedor tuviera que vender lo pignorado, es decir, lo dado en prenda: esta modalidad de *pignus* sin entrega inmediata es el *pignus conventum* que llamamos, con un nombre griego, "**hipoteca**". En este caso, al no tener la posesión el acreedor, necesitaba, para conseguirla y poder vender, una acción real contra cualquiera que poseyera el objeto pignorado: es la llamada "acción hipotecaria"; de ella podía valerse también el acreedor con prenda posesoria que hubiera perdido la posesión y no le valieran los interdictos; en efecto, el acreedor pignoraticio que ha perdido la posesión es en todo igual al que no lo ha recibido desde el primer momento.

Fiducia, prenda e hipoteca son así tres modalidades de "garantía real" de las obligaciones, pero sólo la fiducia era de dación de dominio mediante la mancipación; en la prenda se daba sólo la posesión con permiso de vender, incluso reteniéndola el deudor hasta que se la pidiera el acreedor por no haber cobrado, como ocurre en la hipoteca. La garantía hipotecaria no pudo alcanzar en Roma la importancia que tiene hoy, por la razón de que los Romanos no practicaron el "registro de la propiedad" de fincas, excepto en Egipto, donde lo encontraron establecido de antes.

13. El modo no-formal de dar el dominio a otra persona, que es el más general, por ser de otras cosas que las *mancipium*, y el más frecuente, es la "**tradición**" (*traditio*). Consiste en una entrega de la posesión de una cosa pero con razón suficiente para que haya dación del dominio, pues muchas veces la entrega material de una cosa no es para transmitir el dominio, sino sólo la posesión protegida por interdictos, como en los casos ya vistos de los vectigalistas, los precaristas y los acreedores pignoraticios, y alguno más. Es más, el acto de entregar una cosa puede ser de la simple tenencia, como cuando alguien cede a otra persona el simple uso de una cosa. De ahí que ese acto material sólo sirve para transmitir el dominio cuando se hace por una razón suficiente.

Esta razón suficiente para la dación de dominio mediante entrega posesoria de una cosa es la "**justa causa**"; como veremos en X 5, la tradición es un típico caso de acto "causal", a diferencia de la mancipación que, por operar sus efectos en virtud de su forma solemne, es un acto no-causal o "abstracto" (X 4).

14. Tanto la mancipación como la tradición, como, por lo demás, la *in iure cessio* con *addictio* del magistrado (III 6), producen el efecto de una dación tan sólo cuando las hacen los que eran dueños, pues, en principio, "nadie da lo que no tiene (como propio)". Sin embargo, si transcurre un tiempo sin que el verdadero dueño reclame del que aparentemente ha adquirido el dominio, éste llega a hacerse verdadero dueño, y el que no ha reclamado a tiempo queda expropiado en virtud de la ley.

En efecto, por una antigua ley, la dación por mancipación hecha por quien no era dueño quedaba convalidada, por el transcurso de dos años para las fincas y uno para las otras cosas, si el accipiente no había sido vencido en un juicio reivindicatorio del verdadero dueño antes de esos plazos.

Este modo de adquirir el dominio por la duración de una indiscutida posesión como propietario se llamó "**usucapión**", es decir, adquisición por el "*usus*", término que, en un principio, se refería también a lo que luego se llamó "posesión". Esto decía la ley, pero la Jurisprudencia extendió la usucapión, con los mismos plazos legales, a la posesión en virtud de una tradición con justa causa, tanto para el mismo caso de haber recibido de quien no era dueño como para el de haber recibido una cosa del *mancipium*, no por la mancipación que exigía el derecho civil, sino por simple entrega posesoria. Esta posesión de la usucapión había de ser la del que pretendía ser dueño, llamada "civil" (VIII 12), no la de los otros protegidos también por interdictos (VIII 11), cuya causa de poseer no podía convertirse en justa causa de usucapión si no intervenía un acto idóneo de adquisición.

La usucapión era así el modo más seguro de ser dueño de cualquier cosa patrimonial, pues el adquirente no tenía que probar ya que había recibido de un dueño, sino tan sólo el hecho más fácil de probar de su posesión continuada y del acto que justificaba tal posesión como dueño.

Es claro que el que recibía a sabiendas de que perjudicaba con ello el derecho ajeno, es decir, de "mala fe", no podía usucapir, pero la prueba de la mala fe incumbía al que reclamase contra él, y era una prueba difícil, como todas las de estados anímicos no-aparentes, y, por lo demás, la Jurisprudencia exigía la "buena fe", que se "presumía" (III 11) por el hecho de la "justa causa" probada, tan sólo en el primer momento de tomar posesión, pues "la mala fe sobrevenida no perjudica (al usucapiente)".

15. La exigencia del plazo de la usucapión era civil, pero el pretor, con el fin de facilitar la certeza en el dominio, fue más allá, al dar al que podía usucapir pero le faltaba el tiempo una reivindicatoria con ficción (III 8) de que el tiempo había ya transcurrido: la llamada acción Publiciana.

De todos modos, la posición de este que estaba en vías de usucapir no podía prevalecer contra el verdadero dueño civil, a no ser que éste fuera el mismo que había vendido pero no mancipado una cosa del *mancipium*, en cuyo caso prevalecía el comprador, sea mediante esa acción ficticia (contra el vendedor que hubiera recuperado la posesión de lo vendido), sea mediante una excepción (III 9), si era el vendedor quien reclamaba contra el comprador que conservaba la posesión. Tanto en este caso como frente a cualquier otra persona distinta del dueño civil, la posición de ese poseedor resultaba firme, y se dice de él que tenía la "**propiedad bonitaria**", es decir, de los *bona*, o también "pretoria" por ser el pretor quien la protegía.

16. Las fincas provinciales, en las que no había dominio privado (supra 8), no eran susceptibles de usucapión como las itálicas, pero, a fines de la época clásica, la práctica del derecho provincial introdujo una defensa de los poseedores que tenían esas fincas como propias, mediante una especie de excepción, pero no formularia, que se llamó "**prescripción**". Se admitió así una especie de usucapión con el nombre de "prescripción de largo tiempo", pues el plazo requerido para la posesión continuada no era ya de dos años, sino de 10 ó 20, según el poseedor expropiado viviera dentro o fuera de la provincia donde se hallaba la finca.

Con el tiempo, el nombre de prescripción se había de generalizar, en vez de *usucapio*, respecto a todos los inmuebles –a todas las cosas, modernamente–, e incluso se extendió para la adquisición de otros derechos distintos del dominio. Pero también se ha venido a llamar prescripción la pérdida de cualquier acción, real o personal, por la falta de su ejercicio durante un cierto plazo variable según el tipo de acción. Se ha venido a distinguir así una prescripción "adquisitiva", como la antigua usucapión, y otra "extintiva" de las acciones.

A diferencia de la usucapión, que tenía un efecto civil directo, la prescripción, que, como se ha dicho, empezó por ser una especie de excepción del juicio cognitorio oficial (III 1), sólo valía si se oponía al eventual demandante como tal excepción: tenía, pues, un efecto *ope exceptionis* y no *ipso iure* (III 9).

LECCIÓN VII

LA SUCESIÓN HEREDITARIA

1. Es algo común a todo ordenamiento patrimonial que, al morir el dueño, su patrimonio pase a las personas más allegadas de su familia: sus "**sucesores**" o "**herederos**". La persona difunta es llamada el "de cuyus" (*de cuius*), porque es aquella "de cuyos bienes se trata".

La "sucesión" es, por excelencia, la de los herederos, pero también se da una sucesión en todo el patrimonio en los casos de arrogación (IV 3) y de adquisición de la *manus* sobre una mujer *sui iuris* (VI 1): en estos casos hay una "sucesión" sin muerte de un dueño, y sin "heredero". Pero, en derecho romano, la "sucesión" es siempre de todo el patrimonio, y no en bienes singulares.

En Roma, el patrimonio del *sui iuris* difunto pasaba a aquella personas que se hallaban directamente sometidas a su potestad paterna, que son considerados como herederos de propio derecho (*heredes sui*): sus hijos o hijas, por igual, o los nietos que dejó bajo aquella potestad un hijo cuyo padre lo había emancipado, o que se había muerto antes que su padre, que se repartían la cuota que hubiera correspondido a ese hijo del difunto; no así los de una hija, ya que la descendencia de una hija está siempre bajo la potestad del padre, marido legítimo de ésta, y no bajo la del abuelo materno, pues, como hemos visto, las mujeres ni pueden tener potestad familiar sobre nadie, ni la agnación (IV 4) puede comunicarse a través de ellas.

Estos que se hallaban bajo la potestad directa del difunto son, pues, los herederos de propio derecho; suceden al difunto por el mismo hecho de la muerte de éste, aunque ellos no quieran heredar: son herederos "necesarios". De todos modos, el pretor los protege, mediante una separación de los bienes de la herencia, frente a los acreedores del difunto, si se "abstienen" de la herencia, dejándola íntegra para satisfacer las deudas, y no tener que pagarlas con su propio patrimonio, pues el que se hace heredero debe, en principio, pagar las **deudas del difunto** con su propio patrimonio: hay así una responsabilidad del heredero "más allá de los bienes de la herencia" (*ultra vires hereditatis*). Esa separación de bienes es el precedente de la posterior aceptación de una herencia a "beneficio de inventario".

2 . En virtud de una antigua ley, a falta de otra voluntad del difunto, cuando alguien muere sin esa descendencia que le hereda de propio derecho, su patrimonio se reparte por igual entre los parientes "**agnados**" (IV 4) de grado más próximo; así, en primer lugar, los hermanos y hermanas, o, en su defecto, los hijos de sus hermanos (sobrinos) o los tíos, unos y otros conjuntamente. Este parentesco se llama "**colateral**", porque las personas por él relacionadas se hallan en líneas distintas, que proceden de un mismo ascendiente, a diferencia de la línea recta, que une a los descendientes con los ascendientes. Los grados son los escalones de esas líneas que corresponden a los actos de engendramiento; así, un hijo está en primer grado respecto a su padre, y un nieto, en segundo respecto a su abuelo, pero los hermanos, que son los colaterales más próximos, están en segundo grado entre sí, pues hubo, en esa línea, dos engendramientos; y un sobrino o un tío están ambos en tercer grado entre sí, pues, partiendo del ascendiente común, que es el abuelo del sobrino y padre de su tío, hubo tres engendramientos; entre los primos hermanos, cuatro, partiendo del abuelo común; y así sucesivamente.

Estos parientes colaterales son sucesores "voluntarios", pues se hacen herederos mediante un acto que manifiesta su voluntad de heredar. En tanto no se deciden, la herencia queda temporalmente sin dueño, como **herencia "yacente"**; no como conjunto de cosas "de nadie" (*res nullius*), que serían "ocupables" (VI 10) por cualquiera, pero que tampoco pueden ser objeto de hurto (IX 4), pues no tienen un dueño actual al que esas cosas le puedan ser "sustraídas". Sí podían ser usucapidas (VI 14) por cualquiera, y sólo en un año, pues se consideraba usucapida la herencia entera; pero luego se redujo la usucapión a las cosas singulares poseídas, y Adriano redujo tal usucapión al que tomó posesión de cosas hereditarias con buena fe, creyéndose ser heredero.

Los esclavos, al ser incapaces de tener un patrimonio propio, ni causan herencia, ni pueden heredar; antes bien, entran en el patrimonio del difunto como cosas que pertenecerán al heredero, pero, si la herencia queda "yacente", ellos son los necesarios administradores de esa herencia, en tanto el llamado a heredar no acepta la herencia: es el llamado "esclavo hereditario", que viene a sustituir al dueño que falta de ese patrimonio, y gestiona todo en espera de que advenga el heredero. Si no existe tal esclavo, el magistrado debe encomendar la administracón a un curador (V 2) nombrado por él.

3. Los **libertos** (II 5) tienen su patrimonio y pueden causar herencia, y pueden tener descendencia legítima desde que se hacen libres, pero carecen de colaterales legítimos; por eso, ocupan el lugar de éstos, a efectos de la herencia que pueden dejar, el patrono o patronos conjuntamente y, en su defecto, los descendientes de éstos.

Es más, el pretor defendió las expectativas hereditarias del patrono y sus descendientes con la reserva de una parte de los bienes que su liberto dejara. Este fue el primer caso de reserva de bienes hereditarios contra la libertad de disponer *mortis causa* que tenía el difunto. No hay que olvidar que, al margen del derecho civil, se había introducido el escrúpulo de considerar injusta la exclusión en la herencia, total o parcial, de los hijos y algunos otros parientes próximos, mediante el recurso de reclamación extraordinaria contra una disposición "**inoficiosa**", es decir, que había faltado el deber (*officium*) que una persona tenía respecto a sus hijos y ciertos parientes: es la llamada "*querella inofficiosi testamenti*". Pero la reserva de una determinada proporción de bienes a favor de ciertos posibles herederos familiares depende inicialmente de esa que hacía el pretor a favor de los patronos.

Si hoy se habla de "legítimas", no es sólo porque las leyes de la decadencia le hayan reglamentado, sino ya por el hecho de que esa reserva se empezó a hacer contando con la "cuarta parte" de lo que un hijo heredaría si su padre no le hubiese dejado nada o menos, a imitación de la *quarta pars* que la ley Falcidia (infra 10) reservaba a los herederos contra las mermas que para su herencia suponían las disposiciones testamentarias de bienes singulares, es decir, los legados: de ahí proviene la "legalidad", aunque indirecta, de esa reserva de "legítimas" contra la libertad de disponer de los bienes. Se habla, respecto a esas personas a las que se reserva una porción de bienes hereditarios, de herederos "**forzosos**": son forzosos para el que dispone su herencia, a diferencia de los "necesarios" (supra 1), que lo son contra su posible voluntad de no heredar. Lo de "forzosos" puede ser en dos sentidos, en uno formal, de que no pueden ser "preteridos", es decir olvidados (infra 7), o en un sentido material, de que no se les podía privar de una mínima parte de la herencia: a este segundo sentido se refieren las "legítimas".

4 . Como los hijos de familia carecen de patrimonio propio, tampoco pueden causar herencia; por eso, un padre sólo puede heredar de un hijo si éste ha sido emancipado; hereda de su hijo emancipado en lugar de los agnados que ese hijo perdió, pues ocupa el lugar de su patrono (IV 3); esto, aparte de que ese hijo emancipado puede dejar sus bienes a su padre por acto de su voluntad testamentaria (infra 6).

La madre es, naturalmente, cognada (IV 4) de su hijo, pero, como tal, no hereda del hijo que muere sin descendencia. El pretor, como se dirá a continuación, dio entrada a los parientes "cognados" para recibir bienes de un difunto, pero el parentesco de la madre quedó reconocido, a efectos de la herencia civil, por dos senadoconsultos, en virtud de los cuales, la madre, con ciertos requisitos, heredaba del hijo *sui iuris* que no dejaba descendencia legítima ni padre-patrono, como si ella fuera una hermana más del difunto; y, por el segundo senadoconsulto, los hijos eran los primeros herederos de su madre.

5 . Pero la sucesión legal de los parientes, llamada "*ab intestato*", es decir, causada por el que no había hecho un testamento válido, que, como veremos, podía alterar lo previsto por la ley, quedó muy reformada por la intervención progresiva del pretor, en favor del parentesco natural de la "cognación", que el antiguo derecho civil no tomaba en consideración.

El pretor no podía convertir en heredero civil (*heres*) al que no lo era, pero sí podía decretar que una persona entrara en "**posesión de los bienes**" de una herencia; la *bonorum possessio* vino a constituir así un régimen sucesorio de derecho pretorio paralelo al legal, y en contradicción con él en algunos puntos. Aunque distinto, este decreto de posesión de los bienes hereditarios, se parece al decreto de puesta en posesión, de la que ya se ha hablado (III 5), pero no es, como éste, un expediente de coacción pretoria, sino de un régimen sucesorio que se superpone al del derecho civil, y, en parte, lo rectifica.

En efecto, el pretor, a falta de parientes "agnados", daba la posesión de los bienes hereditarios a los "cognados" de grado más próximo; pero hizo más: se la daba, como si fuera un hijo más, al que había sido emancipado, siempre que éste diera una caución estipulatoria (XI 6) de "colacionar", es decir, de aportar, el valor de su propio patrimonio al cálculo del haber de la herencia, pues, como *sui iuris* que era, podía tenerlo; mediante esta "colación de bienes" (*collatio bonorum*) se evitaba la desigualdad injusta respecto a sus hermanos bajo potestad, que todo lo habían adquirido para el padre difunto, en tanto ese hermano emancipado había adquirido para sí.

Los cónyuges, al no existir vínculo entre ellos (VI 1), no se heredaban entre sí, pero el pretor les ofrecía también la *bonorum possessio* cuando ningún pariente del difunto la había solicitado.

Esta quiebra de la estricta agnación por la posesión de bienes hereditarios por decreto pretorio iba a determinar la sucesión *ab intestato* del futuro.

Tanto para el heredero por ley, como para el testamentario, del que se habla a continuación, el reconocimiento de una *bonorum possessio* a su favor suponía una gran ventaja, pues, en vez de tener que probar su cualidad de heredero en el trámite de una acción general como era la "petición de herencia", podía entrar en posesión efectiva de los bienes mediante un interdicto, llamado "*quorum bonorum*" ("de cuyos bienes...", sin hablar de herencia), para el que sólo se requería la prueba fácil del decreto pretorio.

En todo caso, la posesión del difunto, como dato de hecho (VIII 11), no se transmitía, sino que tanto el sucesor pretorio como también el civil debían, para poseer, entrar en los bienes de la herencia.

6. La sucesión intestada o *ab intestato* es supletoria de la que viene determinada por la voluntad particular del *pater familias* que, llegado a la pubertad, puede dar el destino que quiera a sus bienes mediante la confección de un "**testamento**".

El "testamento" es una invención romana, que, en épocas de incultura jurídica se confunde fácilmente con las donaciones en previsión de la propia muerte, aunque éstas, al requerir la aceptación del donatario, como ocurre en toda donación, ya no se pueden revocar por la voluntad del donante, en tanto que el testamento, acto unilateral del testador, se caracteriza por su revocabilidad: vale siempre como "última voluntad", ya que (como una ley) sólo se revoca haciendo otro.

En la más antigua Roma y en otro derechos de la Antigüedad, podía una persona procurarse un heredero adoptando a alguien como hijo que le heredase como tal, pero no existía la posibilidad de dejar constancia testamentaria para el destino del propio patrimonio después de la muerte. El ingenio de los antiguos juristas romanos aprovechó el acto solemne de la mancipación (VI 11) para declarar, ante cinco testigos (de donde el nombre de "testamento" o atestiguamento) y dos personas auxiliares más que intervenían en la ceremonia, cuál debía ser el destino del propio patrimonio "instituyendo", es decir, nombrando uno o varios herederos –incluso sucesivos como "substitutos" para el caso de fallar alguno–, y haciendo otras disposiciones particulares, como algunas que mencionamos más adelante en esta lección.

7. El testamento servía también para **desheredar** a los hijos, herederos "necesarios" pero no "forzosos" (supra 3) por la ley, pues el derecho civil admitió la plena libertad de disponer a voluntad, con un único límite formal. Este límite consistía en que esos hijos, herederos "de propio derecho" (*heredes sui*) no podían ser "**preteridos**", es decir, olvidados en el testamento de su padre: debían ser instituidos, aunque fuera en una parte insignificante de la herencia entera o bien desheredados, aunque fuera sin motivo, pero nunca "preteridos", pues tal preterición producía la invalidez del testamento. Para evitar esta invalidez, se llegó a admitir que pudieran ser instituidos o desheredados los hijos "póstumos", es decir, los descendientes legítimos que llegaran a nacer después del testamento e incluso después de haber muerto el testador, y hubieran quedado bajo la potestad de éste.

Si se nombraba heredero a una persona bajo potestad ajena –hijo o esclavo de otro–, la herencia era adquirida por el que fuera su jefe en el momento de la muerte del testador, si daba autorización para aceptarla; o incluso por los mismos instituidos si se habían hecho *sui iuris* entre tanto.

Los propios hijos bajo potestad *–heredes sui–*, al ser instituidos, eran herederos "necesarios", como cuando heredaban *ab intestato*. El esclavo propio, si era instituido a la vez que liberado de la esclavitud por una disposición del mismo testamento, también era heredero "necesario"; pero también él podía solicitar del pretor que le eximiera de pagar las deudas del difunto con lo que fuera a adquirir él como persona ya libre; la liquidación de la herencia para satisfacer las deudas se hacía, sin embargo, a su nombre, para salvar la fama del deudor difunto, y ésa era una de las finalidades que tenía la institución del propio esclavo como heredero libre.

8 . El testador podía repartir su herencia entre los instituidos herederos por partes proporcionales o "**cuotas**", iguales ("alícuotas") o desiguales. En todo caso, eran sucesores "universales" aunque su cuota fuera mínima, porque esa cuota era sobre cada uno de todos los bienes de la herencia, incluyendo los créditos y también las deudas. Por eso mismo, si una de las cuotas quedaba sin adquirir por el llamado a heredarla, sea por premoriencia de cualquier heredero o por repudio del "voluntario", esa cuota se repartía proporcionalmente entre los otros que llegaron a ser herederos, en virtud del llamado "derecho de acrecer" (*ius adcrescendi*), cuyo régimen quedó muy perturbado por la novedad legal de Augusto de premiar a los casados y a los que tenían descendencia (II 12), a los que se prefería para atribuir esas cuotas vacantes, que, en defecto de quien tuviera esa nueva capacidad legal ("*capacitas*" se refiere sólo a ésta), quedaban para provecho de la hacienda o fisco imperial.

La concurrencia de varios coherederos da lugar a una comunidad entre ellos en la que cada uno puede disponer de su cuota de dominio y en los créditos, así como debe participar en las deudas en esa misma cuota. Esta comunidad podía terminar en cualquier momento si uno de los herederos solicitaba la partición judicial de la herencia, por una "acción de partición de herencia". Y este régimen de concurrencia sirvió de modelo para cualquier caso en que varias persona se hicieran "condóminos" o copropietarios de algo. Sobre este condominio hemos de volver a propósito de la diferencia entre actos de disposición y de administración, en VIII 4.

9. Si los coherederos preferían no repartir lo que tenían en común, y seguir en una comunidad que podía extenderse incluso a todas las adquisiciones futuras que cada uno pudiera hacer, el consorcio que surgía entre ellos era el de "sociedad", y esa situación sirvió de modelo para el régimen del contrato de sociedad en general, referido más ordinariamente a determinados bienes e incluso a unas aportacionas que no fueran de dominio. Fue el desarrollo comercial de Roma el que favoreció que la sociedad se generalizara como contrato consensual (XII 5) para obtener unas ganancias comunes, con aportaciones de propiedad que se hacían comunes, o de simple uso de cosas, o de una actividad laboral; con ello, el contrato de sociedad se alejó bastante del modelo del consorcio hereditario de que derivó.

El término *societas*, por lo demás, servía también para designar las corporaciones que tenían un fin de interés público, y que, por su continuidad, exigían un régimen algo distinto del que regía el contrato privado. Así, si éste terminaba necesariamente por la muerte de un socio, esas otras sociedades de interés público admitían que un socio dejara como nuevo socio a un heredero suyo.

10. La "universalidad" del heredero, por lo demás, es compatible, no sólo con la concurrencia de coherederos, sino también con unas atribuciones de bienes singulares de su patrimonio hechas por el testador, a favor de distintas personas, en concepto de "mandas" o "**legados**" (*legata*), es decir, "leyes" privadas como ya lo es todo el testamento en su conjunto. La "universalidad", por tanto, no quiere decir "totalidad", pues un heredero puede seguir siendo "universal" aunque venga a quedar con poca cosa de la herencia.

Dentro de la política legislativa republicana de limitar las liberalidades ostentosas (II 12), se halla la ley Falcidia, en virtud de la cual el heredero podía dejar reducidos los legados a tres cuartas partes, en total, del caudal hereditario correspondiente a su adquisición como heredero; esta ley, que tuvo efectos civiles *ipso iure* (III 9), fue muy importante en razón de imponer esa reserva de la "cuarta parte" –la llamada "cuarta Falcidia"– a favor del heredero. Con ella, no sólo podían quedar reducidos los legados excesivos, sino que incluso podían quedar totalmente anulados si la herencia tenía más deudas que haber, y, consecuentemente, se hacía imposible detraer una cuarta parte de un activo inexistente. Porque el heredero debía sí responder ilimitadamente de las deudas del difunto (supra 1), pero los legados a cargo de la herencia quedaban supeditados al derecho a la "cuarta" que tenían los herederos.

Hay que distinguir, pues, entre deudas del difunto, cargas de la herencia y deudas del heredero. Estas últimas venían a juntarse con las del difunto en la responsabilidad indistinta del heredero, pero, para evitar el inconveniente de que éste fuera persona menos solvente que el difunto, los acreedores de éste podían solicitar del pretor que decretara la "separación de bienes" de la herencia para poder cobrar ellos con preferencia respecto a los acreedores del heredero.

11. Los legados podían hacerse de muy distintas **formas**, en relación con su contenido, y esta variedad fue objeto de especial estudio por parte de la Jurisprudencia: era uno de los temas principales del derecho "civil".

El testador debía optar por las palabras más ajustadas a la liberalidad que quería dejar: podía ser de dominio de algo, de perdón de una deuda que tenía con él el legatario, de una renta vitalicia, del uso de un servicio entre fincas o de los servicios de unos esclavos; en especial, era muy frecuente el legado, a favor de la viuda, del uso y disfrute de bienes: el usufructo de que se tratará en VIII 6.

La diferencia principal entre las distintas formas de legados era que unas veces daban al legatario una acción real (legado *per vindicationem*) y otras tan sólo obligaban al heredero para que le pagara algo, sobre todo dinero (legado *per damnationem*). Esta segunda modalidad era mucho más amplia, pues permitía legar lo que no pertenecía a la herencia, con el resultado de que el heredero que no pudiera conseguirlo, para pagarlo después al legatario, tuviera que indemnizar a éste el valor de lo no conseguido. Con el fin de salvar los legados con forma "real" cuando resultaba imposible su realización, por ejemplo, por tratarse de una cantidad de dinero, sobre la cual no cabe acción real sino sólo la de deuda, uno de los primeros senadoconsultos relativos al derecho privado vino a declarar "convertible" tal forma de legado real en una personal, para lo que el pretor debía ordenar una ficción (III 7) en la acción personal del legatario.

Como todas las otras disposiciones testamentarias, los legados no pueden tener efecto antes de la muerte del testador, pero, dado que, en caso de herederos "voluntarios", la espera por la aceptación podía dar lugar a que el legatario se muriera, y se perdiera su expectativa de legado, la Jurisprudencia consideró que, en principio, esta expectativa se transmitiría, en ese caso de muerte del legatario, a los herederos de éste, aunque el legado no se pudiera reclamar antes de la aceptación de la herencia.

12. Aparte las instituciones o substituciones de herederos y las desheredaciones, los legados y también los fideicomisos (de los que se habla a continuación), un testamento podía contener **otras disposiciones** varias. En especial, un padre podía nombrar tutor para el hijo que quedara impúber o para su viuda, o asignar a uno de sus hijos el patronato sobre uno de sus libertos; podía también ordenar algo relativo a su sepultura; también podía disponer que un esclavo suyo se hiciera libre, y así debía hacerlo si quería que fuese su heredero. Esta no era propiamente una "manumisión", pues no producía efectos inmediatos; por eso mismo, el que se hacía libre por el testamento de su dueño venía a quedar sin patrono, pues había muerto el que podía haber llegado a serlo, y, en consecuencia, tampoco sus descendientes podían sucederle en un patronato que él nunca había llegado a tener. Augusto, en su política restrictiva respecto al acceso de esclavos a la ciudadanía, limitó también estas "manumisiones" testamentarias con el pretexto de que no tendrían efecto cuando la herencia tuviera un caudal inferior a las deudas, a pesar de que la ley Falcidia (supra 10) nunca afectó a tales manumisiones; sólo se exceptuaba de esa limitación el caso de que se necesitara aquella libertad para mantener el nombramiento de heredero único a favor de aquel esclavo manumitido, para que no quedara invalidado todo el testamento.

13. Esta liberación testamentaria de los propios esclavos solía supeditarse a que el esclavo administrador, como era frecuente, de bienes de su dueño, rindiera cuentas de su administración a satisfacción del heredero. Como podía ocurrir que el heredero obstaculizara esa libertad con exigencias nimias en la aceptación de las cuentas, se admitió que el magistrado pudiera, en esos casos, declarar alcanzada la libertad sin más, como si aquella condición de rendir cuentas se hubiera ya cumplido suficientemente, a pesar del heredero.

Tanto en este caso de condición (X 7) como respecto a otras condiciones que debían cumplirse para lograr aquella liberación de la esclavitud, quedaba entre tanto el esclavo en una situación de pendencia que se llama de "libre por su situación" (*statuliber*), pues no era efectivamente libre todavía, y podía no llegar a serlo si no se cumplía la condición. Su situación ofrecía una casuística muy compleja, ya que los actos de disposición que el heredero pudiera haber hecho sobre aquel que seguía siendo un esclavo en tanto no se cumplía la condición, debían quedar resueltos sin más desde el momento de quedar aquélla cumplida.

Aparte esa condición frecuente en la liberación testamentaria de esclavos del testador, también la institución de heredero y los legados podían supeditarse a una condición, y, de hecho, la Jurisprudencia solía tratar de ese concepto a propósito del testamento, pero vamos a tratar de ella a propósito de la voluntad en los actos jurídicos (X 7), pues la condición es siempre una expresión de la voluntad privada.

14. Ya antes de Augusto era frecuente que las liberalidades para después de la propia muerte no se hicieran en forma de legado, es decir, en un testamento, sino por un encargo informal, hecho a cualquier persona que fuera a recibir algo del difunto, para que favoreciera de algún modo el patrimonio de otra persona. Estos "encargos de confianza" o "**fideicomisos**" (*fideicommissa*) no fueron judicialmente exigibles hasta que Augusto dio a los magistrados supremos una jurisdicción especial para esa materia; desde ese momento, la Jurisprudencia se interesó ampliamente por la nueva institución, que facilitaba mucho las liberalidades "a causa de muerte", incluso a favor de personas extranjeras, excluidas, por serlo, del derecho testamentario.

Aunque esos encargos podían hacerse incluso de palabra, se hacían más frecuentemente en unos documentos complementarios del testamento que se llamaban "codicilos" (*codicilli*, siempre en plural, como diminutivo de *codex*, que es el libro en forma de cuaderno).

Con los fideicomisos se podía conseguir un resultado similar al de los legados de efecto personal, pero aquéllos alcanzaron una aplicación de mayor envergadura cuando tenían por objeto toda una herencia, o una cuota de ella, que el heredero, incluso si lo era *ab intestato*, debía traspasar al fideicomisario, el cual venía, de este modo, a ocupar la posición de heredero, también para el pago de las deudas del difunto: es el llamado "fideicomiso de herencia" o "universal". Su régimen es complejo, y algunos senadoconsultos se refieren a él; por analogía con la ley Falcidia, también se vino a reservar el heredero gravado por un fideicomiso de herencia una cuarta parte del caudal hereditario que debía transferir al fideicomisario.

Aunque llamamos "fiduciario" al que debe cumplir un fideicomiso, esto no tiene que ver con la *fiducia* (VI 11), que es un acto *inter vivos*. Las "fundaciones" modernas, desconocidas por la Jurisprudencia, pero fomentadas luego por la Iglesia, como *piae causae*, con fines benéficos y cultuales, provienen de una práctica romana, de origen funerario, en la que se combinaban confusamente la fiducia con el fideicomiso.

En el derecho post-romano, los fideicomisos sobre cosas singulares se confundieron como legados, en tanto los fideicomisos universales sirvieron para vincular bienes, a una serie sucesiva de personas, por lo que fueron mal vistos por la modernas legislaciones liberales, contrarias a la vinculación de bienes como rémora para el libre comercio. Todo esto explica la pérdida de la institución del fideicomiso.

Todavía sirvió el fideicomiso romano para conseguir que alguien que hubiera aceptado recibir algo del difunto diera la libertad, mediante una manumisión ordinaria, a un esclavo propio. Mediante esta "manumisión fideicomisaria" se podía conseguir indirectamente la libertad de esclavos ajenos a cambio de una liberalidad aceptada por su dueño. Este había de ser un buen medio, muy generalizado, para liberar a muchos esclavos, como era un propósito de la Etica cristiana.

15. Todas estas liberalidades para después de la muerte son actos unilaterales del que las hace y, por eso, éste podía revocarlas en cualquier momento de su vida. Las "**donaciones**" que son también actos lucrativos (VI 6) que hace un donante cuyo patrimonio disminuye en la misma medida en que aumenta el del donatario, exigen, en cambio, la aceptación del donatario en vida del donante, y éste no puede ya revocarlas; sólo excepcionalmente podían los patronos revocar las que hubieran hecho a sus libertos, aunque la libertad misma que les había dado no fuera ya revocable.

A pesar de que se requiera la aceptación del donatario, la donación romana no tiene que ver con los contratos (lección XII); ni siquiera era un acto típico, sino una causa (X 4) de una adquisición lucrativa de cualquier clase, incluso negativa, como es el perdón de una deuda, con el que el patrimonio del deudor resulta aumentado, pues deja de deber.

Un cierto aspecto contractual puede verse en la donación que se hace imponiendo al donatario una carga muy inferior al lucro obtenido; esta carga se llama "modo". La Jurisprudencia no vio ahí un contrato, aunque admitiera algún recurso especial para exigir el cumplimiento de la carga, de la misma manera que podía considerar como fideicomiso la carga que se imponía al que lucraba algo de la herencia; sólo en la decadencia la "donación con carga" u "onerosa" se aproximó en cierta medida al régimen de reciprocidad de los contratos. Pero la donación sigue siendo hoy una institución sin sede sistemática segura, precisamente porque es, ante todo, la causa lucrativa de cualquier acto de transmisión patrimonial, y no un acto típico. Su aproximación a las sucesiones, como si se tratara de anticipos hereditarios, es lo más ajustado a la realidad de las cosas.

En efecto, todas las donaciones, aunque sean actos *inter vivos*, presentan cierta similitud con las liberalidades testamentarias o fideicomisarias, pero esto es más perceptible en aquellas donaciones que se hacen en previsión de la muerte: las "donaciones a causa de muerte" (*mortis causa*), con las que, como ya se ha dicho (supra 6), el testamento viene a confundirse en épocas de decadencia de la cultura jurídica.

LECCIÓN VIII

USO Y CONSUMO DE LOS BIENES

1. Cuanto en la lección anterior se ha dicho sobre la sucesión hereditaria se refiere al patrimonio; concretamente, al destino de él después de la muerte de un ciudadano *sui iuris*, que podía tener un patrimonio y causar una herencia. La presente lección se refiere a los distintos bienes que componen un patrimonio, y, concretamente, al distinto modo de aprovechamiento que de estos bienes es posible, según su clase, pues son bienes útiles para su dueño, cuya utilidad tiene un valor económico.

En el patrimonio privado, además de las cosas tangibles o "corporales", hay también posiciones ventajosas de derecho sobre cosas ajenas o sobre deudores, es decir, sobre el patrimonio de éstos, que son también cosas, pero "incorporales" o ideales, aunque con un valor económico. De las relaciones de deuda no se puede obtener más provecho que el de cobrar, aunque se pueda obtener un precio por su cesión a otra persona; pero de los derechos que no son "personales" sino "reales", por afectar a cosas (*res*), cabe obtener un provecho actual y muchas veces continuado. A este aprovechamiento "real" nos vamos a referir a continuación.

Como ya el mismo epígrafe de esta lección indica, al hablar de "consumo", ese aprovechamiento puede consistir, en primer lugar, en **disponer** de esos bienes perdiéndolos, sea materialmente, incluso por simple destrucción, o abandono para que otra persona los tome, como cosa "de nadie", mediante ocupación (VI 10), o consumiéndolos conforme a su destino, sea transfiriendo su dominio a otra persona; en todos estos casos se da una "consumición" –natural o jurídica– de los bienes, pues lo mismo se consume una cosa destruyéndola que haciéndola del patrimonio de otra persona.

En segundo lugar, el aprovechamiento de una cosa puede consistir en tenerla y hacer de ella un uso que no la destruye ni la hace de otra persona, en cuyo caso hablamos propiamente de "**uso**".

Finalmente el aprovechamiento puede consistir en poder consumir los productos a cuya producción está destinada una cosa que se puede seguir usando, y en este caso hablamos de "**disfrute**", pues "frutos" son los productos que una cosa puede producir con cierta regularidad; estos frutos son los que naturalmente produce una cosa, aunque sea con el trabajo humano, como exigen las cosechas de los campos, pero también los que se obtienen como renta a cambio de la cesión del uso, y también del disfrute, a otra persona, que son los llamados "frutos civiles".

A estos tres tipos de aprovechamiento se referían los verbos "*habére*", "*uti*" y "*frui*" de los que se ha hecho mención en VI 9.

2. Desde el punto de vista de la consumición y el uso, hay cosas llamadas "consumibles", de las que no se puede hacer más uso que disponiendo de ellas (como ocurre con el dinero, que sólo sirve para gastarlo, es decir, perderlo), y otras "no-consumibles", de las que se puede hacer un uso continuado o reiterado y de cuyos frutos se puede uno aprovechar. Esta diferencia es decisiva para las relaciones jurídicas, pues para aquellos bienes que son "consumibles", en el sentido de que nada valen si no se pierden, no cabe propiamente el dominio, sino una facultad de disposición, aunque se suela hablar de "propiedad" sobre ellos. En efecto, son cosas sobre las que no cabe decir "esto es mío", pues son iguales a otras con las que se confunden, como las monedas, y por eso podemos decir que son cosas no-identificables individualmente: son "cantidades", objeto de deuda pero no de dominio. Son las que en Roma se decía que "se contaban, pesaban o medían", precisamente por no ser individualizables. Modernamente las llamamos "fungibles", por ser sustituibles entre las iguales, o "genéricas", porque suelen entrar en los actos jurídicos como cantidades de un género más o menos amplio; en cambio, las que se pueden identificar individualmente son cosas no-fungibles o "específicas", pues tienen una forma (*species*) individualizable. Así, las cosas consumibles son a la vez fungibles: la consumibilidad y la fungibilidad son dos aspectos de la no-identificabilidad individualizada.

Las cantidades, precisamente por pertenecer a un género, nunca se pierden como tales cantidades –es lo que significa el dicho de que "los géneros no se pierden" "*genera non pereunt*"–, es decir, que el deudor de una cantidad nunca se libera de la deuda por la pérdida de las unidades recibidas o que destinaba al pago de su deuda: tendrá que buscar otras del mismo género.

3. Es claro que las fincas, construidas o no, rústicas o urbanas, que no se pueden mover del sitio en que se hallan, como cosas "inmuebles" que son, pueden ser siempre identificadas en su individualidad, y de ellas cabe hacer un uso y obtener unos frutos, aunque sólo sean civiles. En cambio, de las cosas trasladables o "muebles", la mayoría son cosas consumibles y fungibles, sobre todo en una época de austeridad económica en la que escasean las cosas muebles de valor, que no se destinen al consumo; el mobiliario doméstico, por ejemplo, no es propiamente fungible, pues los objetos usados nunca son intercambiables por otros iguales, pero tenían en el antiguo mundo romano un valor muy reducido.

Para la más antigua mentalidad de los Romanos, las cosas identificables, más importantes para la economía rural, eran las del *mancipium* (VI 11), que constituían como parte de la "*familia*" en su sentido más primitivo, de patrimonio permanente, en tanto las otras, como el ganado ovino y los instrumentos del cultivo o vivienda, de inferior valor, eran cosas menos estables, que llamaban *pecunia* (de *pecus*, ganado), especialmente el dinero. Esta era la distinción que, en otros momentos de la historia jurídica, se presenta como diferencia entre bienes "de heredad" y bienes "de ganancia".

En el derecho post-romano, la configuración unitaria de un "derecho de propiedad" ha tendido a desvirtuar la diferencia entre las cosas objeto de tal derecho, pero, de todos modos, subsiste siempre como relevante la especialidad de los "inmuebles", y, por otro lado, la del dinero y demás cosas "consumibles-fungibles".

Aunque el desarrollo económico haya extendido la idea de "dominio" a las cosas "de ganancia", sigue siendo siempre una realidad natural que sobre la mayoría de éstas no suele caber identificación individual, ni por ello reivindicatoria, sino sólo reclamación de deuda de cantidad.

Por lo demás, algunas cosas muebles sólo tienen valor por estar destinadas como "accesorias" al uso de otras; así, una llave respecto a la puerta para la que sirve, o incluso, por disposición voluntaria de "pertenencia", unos barriles para recoger la cosecha de una finca.

Finalmente, hay cosas que forman conjuntos (*universitates rerum*), que pueden tener su identidad como totalidad y no individualmente; así un rebaño o una biblioteca.

4. Como se ha dicho (VI 9), el contenido del domino, aparte la disponibilidad de consumo o *habére*, consiste en el retener (*possidére*), en el usar (*uti*) y en obtener sus frutos (*frui*), pero, por lo que acabamos de decir, sobre las cosas consumibles no cabe más que la disposición, y sólo respecto a las no-consumibles es posible la retención como cosas individuales, su uso y su disfrute. Sólo respecto a éstas interesa hablar de ese aprovechamiento que no consiste en consumirlas natural o jurídicamente, y esta consideración resulta necesaria para entender el régimen del condominio, es decir, de la concurrencia de varios propietarios de una misma cosa, cuyo modelo fue, como ya se ha dicho (VII 9), la situación de varios herederos antes de partir su herencia.

La solución romana para resolver esta concurrencia dominical –comunidad "*pro indiviso*"– fue la de considerar que cada condueño lo era de una parte inmaterial o aritmética: de una **cuota** del todo. Esta concepción superó la más primitiva de la "solidaridad", es decir, la de que cada condómino era dueño de todo pero, por eso mismo, no podía disponer de lo que era común si otro se lo impedía; y es también distinta de la concepción germánica de la "mancomunidad", según la que son dueños a la vez en el sentido de que deben también unirse para disponer de la cosa común. La concepción romana es la que ha prevalecido en el derecho post-romano.

Como la comunidad hereditaria, prototipo de esta concurrencia dominical, toda comunidad de bienes puede terminar por la división judicial solicitada por cualquiera de los condóminos, mediante la "acción de división de cosa común", en todo parecida a la de "partición de herencia". La división judicial consiste en la "adjudicación", autorizada por el pretor en las fórmulas de estas acciones divisorias, de porciones materiales equivalentes a la cuota aritmética de cada condómino. Que algunas cosas presenten una dificultad física de reparto, por ejemplo, un esclavo, que no se puede partir sin matarlo, esto no altera el carácter divisible del condominio; ante esta dificultad de reparto físico, el juez acudirá a que se compense entre las partes el valor pecuniario de la cuota que no se pueda materializar en una porción de la cosa común; para lo que, en muchos casos, habrá que acudir a la venta pública de lo materialmente indivisible.

Además de la acción "de partición de herencia" y de esta otra de "dividir la cosa común", se incluye entre las acciones divisorias la "acción de deslinde" de fincas: no sirve para dividir lo que es común, como las otras, pero se parece a ellas por la "adjudicación" de propiedad de porciones del terreno que puede hacer el juez para trazar una línea más clara de separación de las fincas, aunque sea sin conocimiento exacto de quién era propietario de esas porciones que él adjudica; se dice que esta acción es "imprescriptible" (VI 16) precisamente porque la adjudicación puede hacerse a pesar de la usucapión de esas porciones.

Las acciones divisorias, a pesar de su efecto real, son personales por la razón de que el juez puede condenar a indemnizarse algo entre las partes, y porque se aplica a ellas el régimen de "indefensión" propio de las acciones personales (III 5).

5 . Como la consumición de una cosa por disponibilidad de ella es, por su valor económico, lo más importante del dominio, éste se considera siempre como jurídicamente divisible, no sólo a los efectos vistos del condominio, sino también de manera general; por ejemplo, al efecto de poder dar a otra persona una cuota de la propia propiedad, o toda la cuota que uno tiene.

Pero el dominio tiene también un aprovechamiento posible, que no es el de poder disponer, sino el de **usar sin consumir** siempre que la cosa no sea de aquellas consumibles, cuyo uso es necesariamente consuntivo, como sucede con el dinero y demás cosas fungibles. Ahora bien, ese uso que se puede hacer de algunas cosas, principalmente de las inmuebles, no es susceptible de división, sino que sigue necesariamente en régimen de **solidaridad**; no hay cuotas de uso, sino uso total en cada acto de su ejercicio: quien pisa su terreno lo pisa todo, no una cuota de él, aunque el hecho de pisar se reduzca a una parte material.

Y se ha hablado también del **disfrute**, que consiste en poder consumir los frutos, que el propietario hace suyos desde que se separan de la cosa que los produce, si son frutos naturales, como la cría de un animal o la cosecha de un campo, y día a día, si son frutos civiles, es decir, rentas pecuniarias.

Así, pues, los actos de disposición, que consumen una cosa, son siempre divisibles (por cuotas), en tanto los actos de uso son siempre solidarios, es decir, indivisibles: la solidaridad es la consecuencia de la indivisibilidad. Esta distinción esencial importa en relación con las deudas cuyo objeto es de dar la propiedad, y las de hacer otra cosa, pues estas últimas son siempre deudas indivisibles, como también las de ceder un uso, pues, en efecto, el dueño puede, sin perder su propiedad –el "*habére*"–, ceder a otra persona el uso o también el uso y disfrute de una cosa suya.

La solidaridad puede darse también, como efecto de la forma del acto, en obligaciones en sí mismas divisibles, con el fin de garantía, como veremos en XI 4.

6 . La cesión de todo el uso y disfrute de una cosa puede ser bien en precario (VI 9), sin límite temporal ni renta, bien mediante el contrato de arrendamiento (lecc. XII). En todo caso, si en ese contrato se permite que el arrendatario pueda, a su vez, subarrendar, se implica en ello el disfrute civil de las rentas que él cobre; pero si se trata de fincas de cultivo, se cede ya a todo arrendatario el poder recoger los frutos naturales que obtenga mientras dure el contrato.

El disfrute del arrendatario es objeto de su derecho personal contra el arrendador, pero el derecho civil admite también que un propietario pueda ceder formalmente a otra persona, o, lo que es más frecuente, dejarle por un legado de efecto real (III 11), el poder obtener (*percípere*) los frutos de lo que sigue perteneciendo al cedente como "propietario desnudo" (*nuda proprietas*, donde se ve cómo *proprietas* es algo menor que el pleno *dominium*), pues se ve privado del uso y del disfrute. Este derecho real se llama de "**usufructo**" (*usus fructus*) y viene a ser una propiedad temporal, –se habla de "*dominus* del usufructo", pues es un aprovechamiento total–, que se extingue a la muerte del usufructuario, con la consolidación consecuente de la propiedad del cedente, al mismo tiempo que queda reservado a la persona a cuyo favor se constituyó el usufructo, pues tampoco se puede transmitir en vida a otra persona, aunque sí se le pueda ceder el ejercicio, con lo que se viene a sustituir el disfrute natural por el civil si la cesión se hace mediante una renta.

Cuando el usufructo se constituía *inter vivos*, mediante una "cesión ante el tribunal" (III 6), el acto se podía hacer sin precio, como donación (VII 15), o por un precio.

El usufructuario tenía una acción real para reclamar la cosa, y el nudopropietario, además de la reivindicatoria a la que se podía oponer la excepción de usufructo, tenía una acción negatoria contra el falso usufructuario, pero entre uno y otro no había, por el mismo usufructo, vínculo de obligación alguno, de modo que las reclamaciones personales del dueño debían seguir el trámite de las acciones por daños (IX 3); pero la Jurisprudencia introdujo la práctica de que el magistrado hiciera necesaria, mediante la amenaza de denegar al usufructuario la acción real o, en su caso, de dar una excepción contra ella, una promesa al nudo propietario, mediante una caución estipulatoria (XI 6) –la *cautio usufructuaria*–, de que ejercería correctamente el usufructo, y devolvería íntegramente la cosa al extinguirse ese derecho, obligación que cargaría sobre los herederos del usufructuario, dado el carácter vitalicio del usufructo.

La fijación de un plazo no limitaba por sí misma el usufructo, pero también daba una excepción a favor del nudo propietario.

7 . Por su misma naturaleza, no podía haber usufructo sobre las cosas consumibles, como es, principalmente, el dinero, pero un senadoconsulto vino a remediar esta deficiencia disponiendo que el magistrado exigiera una caución estipulatoria (XI 6) del usufructuario con el fin de que el valor de la cantidad recibida fuera devuelto al extinguirse el usufructo: es el que llamamos "cuasi-usufructo", que viene a ser como un préstamo de cantidad o mutuo (IX 7).

El usufructo, ordinariamente en forma de legado de efecto real (VII 11), solía ser una provisión testamentaria para contribuir a la subsistencia de la viuda, pero, a veces, en el usufructo podían concurrir varias personas. Dado el originario carácter familiar del usufructo –de hecho, la viuda no excluía del uso y disfrute a sus hijos, que eran los nudopropietarios–, el uso tenía en ese derecho mayor relevancia que los mismos frutos, y por ello se consideró indivisible entre los cousufructuarios, de modo que, no cabía la división judicial entre ellos y todo el usufructo se concentraba en el usufructuario superviviente, por una especie de "derecho de acrecer" (VII 8). Pero la última Jurisprudencia tendió a admitir, en cierta medida, la idea de la divisibilidad del usufructo, y le extendió la acción de dividir la cosa común (supra 4).

Tampoco cabía propiamente el usufructo sobre fincas provinciales, cuya *proprietas* era ya una especie de usufructo respecto al dominio del emperador, pero sí se admitió que un testador dejara esa *proprietas* o *possessio* a una persona, reservándola para otras a la muerte del primer cesionario: esto venía a resultar algo parecido a la propiedad vitalicia de un usufructuario.

El usufructo se podía constituir directamente –por legado o por cesión ante el magistrado–, pero también podía ser retenido por deducción (*deductio*) en una transmisión de dominio: de este modo, el heredero del testador o el mismo cedente, quedaba convertido en usufructuario. Este tipo de transmisión del dominio, al ser *inter vivos*, no era revocable como lo era la testamentaria, ni tampoco implicaba la pérdida inmediata de la cosa, como sucede en la donación; fue una institución muy usada en el derecho post-romano.

8 . También puede un dueño desprenderse del simple uso de una cosa suya, o de la mera tenencia de ella.

Una cesión de tenencia, sin facultad de uso ni disfrute, se da en la garantía pignoraticia de que se ha hablado (VI 12), aunque también en ella cabe un pacto (llamado de "anticresis") para compensar los frutos obtenidos por el acreedor con los intereses del dinero debidos por el deudor pignorante; pero se da sobre todo en el "**depósito**", que se llegó a configurar como un contrato.

Consiste el depósito en dejar la guarda de una cosa mueble (individuable aunque sólo sea por el continente) a un depositario de confianza, para que la devuelva cuando se le pida, sin que pueda usar de ella ni tampoco cobrar nada por el favor hecho al depositante. El dinero, al ser fungible, no es objeto de depósito, salvo que se deposite especificado por su continente, pero la Jurisprudencia llegó a admitir un depósito de cantidad, como acto distinto de un mutuo (IX 7), por el que el depositario quedaba obligado a devolver el valor y no las monedas; solía acudirse a este acto cuando la iniciativa no era del que necesitaba dinero prestado, sino del que no quería guardarlo a propio riesgo, como suele ocurrir hoy con las "cuentas corrientes". Este depósito semejante al mutuo se llama "depósito irregular".

9 . Una cesión de simple uso se puede dar, como hemos visto, en un arrendamiento de cosa que no produce frutos naturales ni se puede subarrendar, pero también hay un negocio específico de cesión gratuita de una cosa para su simple uso que es el "**comodato**", sancionado por el derecho pretorio. También el simple *usus* puede ser cedido como liberalidad en forma de legado; por ejemplo, el de una vivienda (*habitatio*). Tal derecho de uso o de habitación habían de obtener, con el tiempo, un efecto real, por aproximación al usufructo.

Finalmente, tienen especial importancia las cesiones de uso permanente a favor de una finca sobre otra vecina: son las "servidumbres" (*servitutes*), que se configuran como una dependencia entre fincas (*iura praediorum*) más que como un poder dominical del propietario de la finca dominante sobre la sirviente; son como los complementos que aumentan la utilidad de una finca, aunque cambie de dueño, o de algún modo se haya cedido su aprovechamiento. Su importancia en el derecho civil romano requiere una especial consideración.

10. Toda **servidumbre** se refiere, pues, a una ventaja de una finca sobre otra vecina. Esta ventaja debe ser establecida por cesión formal (III 6) entre los dueños de ambas fincas, (mediante precio o no), también por legado, incluso por "deducción", como el usufructo (supra 7), pero nunca por ley: el derecho romano no reconoce como "servidumbres" las posibles limitaciones legales de la propiedad inmobiliaria, como hace en cambio, el derecho moderno.

La ventaja del fundo dominante respecto al sirviente puede consistir, sea en tener por lícita una intromisión (*immissio*) en la finca vecina, sea en poder impedir que en ésta se haga algo que, de suyo, sería lícito (*prohibitio*): las primeras son servidumbres "positivas" y las segundas son "negativas"; pero, en todo caso, toda servidumbre consiste en que el que sea dueño de la finca sirviente sufra la *immissio* o la *prohibitio*, y nunca en que esté obligado a hacer algo; es la finca misma la que "debe", no su propietario.

La ventaja consiste siempre en un simple uso, de manera que la servidumbre no puede ser cedida separadamente de la finca a que favorece; no se puede obtener de su uso renta alguna ni precio: queda a perpetuidad a favor de una finca, para todos los que usen de ella, y, por consistir en un uso, la servidumbre es un derecho indivisible por excelencia; es más: su carácter solidario puede alcanzar, a los mismos que usan de la finca sirviente, en concurrencia con los de la dominante; por ejemplo, si se trata de pasar por aquella finca que sirve, o de aprovechar el agua de un pozo.

Estos dos ejemplos pertenecen a la serie de las más antiguas servidumbres, llamadas "rústicas" por ser de especial interés agrario, que se incluían entre las cosas del *mancipium* por ser complemento útil de las fincas. Eran todas ellas positivas –de pasar personas, ganados o carros, o sacar o traer agua–; su ejercicio consistía generalmente en actos intermitentes, por lo que se llaman servidumbres "discontinuas", pero en algún caso, como el de traer agua por una conducción (*aquae ductus*), la permanencia de la traída por un canal construido le daba el carácter de servidumbre "continua".

A estas servidumbres "rústicas", por el tipo de utilidad que dan, se añadieron otras "urbanas", por ser en ventaja de un edificio. De ellas, unas son positivas, como la de apoyar una construcción en la pared del vecino, o sacar el agua sucia por una cloaca bajo el suelo vecino, pero otras hay negativas, como la de no construir o no elevar un edificio, con el fin de favorecer las vistas o luz de una casa. Todas las tipificadas en las fuentes romanas son continuas, pues no requieren actos de uso aislados; pero los romanos nunca pensaron en no admitir otro tipo de servidumbres, siempre que se tratara de un servicio permanente y no de un favor accidental. En efecto, las servidumbres estaban defendidas, como el dominio y como el usufructo, por una acción vindicatoria, es decir, real; también por interdictos para asegurar su ejercicio en tanto no se probaba su inconsistencia jurídica, para probar la cual se daba al dueño una acción real "negatoria", cuyo resultado principal era la exigencia de una caución estipulatoria judicial (XI 8), dada por el vencido, de que "no volvería a molestar más".

11. Cuando la Jurisprudencia llegó a configurar el usufructo y las servidumbres como derechos de "uso" (y también de disfrute, el usufructo), vino a distinguir este uso de la posesión de las cosas, superando una antigua confusión que vemos todavía en la palabra *usu-capio*, donde el *usus* debe entenderse como *possessio* (VI 14).

Pero no toda tenencia material de una cosa es propiamente "posesión". A pesar de una progresiva amplicación del concepto, la posesión era la tenencia de hecho por parte de aquellos para los que se consideraba necesaria una defensa relativamente independiente del hecho de su tenencia mediante interdictos, de "retener" o de "recuperar" la posesión. Surge así la posesión como una categoría jurídica claramente pretoria.

El punto de partida, por suponer *possessio* un "asentamiento", fue el de la tenencia de suelo público o municipal por sus concesionarios, así como la de los precaristas (VI 12), aunque ésta, naturalmente, no contra el dueño que les había hecho el favor de dejar gratuitamente la finca; pero luego se extendió a otros casos como el de algunos que retenían bienes incautados (III 5), el del acreedor pignoraticio (VI 12) y el de aquel depositario especial que debía devolver al que saliera vencedor de una controversia o apuesta, llamado "secuestratario" (el "secuestro" fue, en el derecho post-romano, un depósito en manos del juez, y hoy se llama así, en los medios de comunicación vulgares, al crimen de privar de libertad que los Romanos llamaban "*plagium*"); naturalmente, el caso más frecuente de posesión defendido por interdictos era el de los dueños respecto a las cosas que retenían como propias. Otros casos de tenencia material de cosas eran de simple detentación y no de posesión, incluso cuando podía haber una defensa interdictal no-posesoria.

12. Esta era la posesión pretoria, pero la posesión en concepto de dueño tenía una consecuencia especial más importante que era la de servir para la adquisición del dominio en virtud de la usucapión (VI 14): es un efecto civil que induce a hablar de "**posesión civil**" o "*ad usucapionem*". Así, pues, el que tiene materialmente una cosa como propietario ve su posesión protegida por los interdictos, y por eso, en momentos de vulgarismo jurídico, ese aspecto material de la posesión se confunde con el de derecho de dominio, y de ahí que se tienda hoy a hablar vulgarmente de los propietarios, sobre todo de los de inmuebles, como "poseedores". Pero, al mismo tiempo, ese que posee como propietario porque tiene una justa causa para creer que lo es tiene una posesión civil. Esta es ya algo más inmaterial que la posesión pretoria, por cuanto se puede conservar, a efectos de la usucapión, aunque se haya cedido la tenencia material a otra persona, sea en posesión pretoria, como a un precarista o un acreedor pignoraticio, sea en mera tenencia de hecho o "detentación" como a un usufructuario, a un comodatario, a un depositario o a un arrendatario; pero esta retención de la posesión civil por mediación de la tenencia de otro (*corpore alieno*), sólo por la intención de seguir siendo dueño (*animo tantum*), se pierde tan pronto el que tiene la cosa que se le dejó pierde su tenencia: su retención es imprescindible para que continúe la posesión civil del cedente. Pero, aun así, tampoco la posesión civil es un derecho –un "derecho a poseer"–, sino que sigue siendo un hecho; por eso mismo, el que recupera su derecho por el *postliminium* (IV 3), no recupera la posesión en tanto no vuelve a tenerla materialmente, y debe empezar de nuevo a contarse el tiempo de su usucapión; del mismo modo que tampoco el heredero sucede sin más al difunto en la posesión de las cosas de la herencia (VII 5), aunque puede sumar el tiempo de posesión del difunto al suyo, a efectos de completar el plazo de la usucapión.

La palabra *possessio* aparece todavía en un sentido menos material cuando el magistrado decreta que alguien entre en posesión de bienes ajenos, como en casos de incautación y embargo (*missio in possessionem*: III 5), o posesión de bienes hereditarios (*bonorum possessio*: VII 5); no se trata de una posesión actual, y por eso los interdictos que en estos casos se dan para poder entrar en la posesión efectiva no son los mismos interdictos que protegen la posesión, sino otros interdictos distintos "de adquirir la posesión".

LECCIÓN IX
PENA E INDEMNIZACIÓN DEL DAÑO

1. "Daño" (*damnum*) es, en un sentido muy amplio, todo detrimento patrimonial contra derecho. El derecho privado consiste muy principalmente en el orden de reparación de estos daños patrimoniales causados por otra persona. Esta reparación puede llamarse "indemnización" (como "desdañación"); pero, en algunos casos, la injusticia del que ha causado el daño debe ser "castigada" con una "pena" (*poena*). Esta pena privada es distinta de la que puede recaer sobre los que han cometido crímenes públicos, cuyo régimen excede de nuestro estudio (I 10). Aunque, excepcionalmente, estas penas públicas puedan ser patrimoniales, como multas o confiscaciones, afectan principalmente al individuo (*caput*), y por eso se habla de pena "capital", que no consiste tanto en la muerte cuanto en la coacción para el "exilio"; luego, también en deportaciones, pero nunca en encarcelamiento, pues la prisión siempre tiene carácter preventivo, aunque, de hecho, pueda prolongarse.

Así, pues, aunque la sentencia judicial –siempre en dinero, como ya se ha dicho (III 12)– consista en el valor del daño patrimonial causado, en algunos juicios no consiste en indemnizar ese daño, sino en castigar una conducta injusta no equivalente al daño patrimonial causado. Se da así una posible **agravación de la condena** y puede hablarse entonces de "pena" por el daño.

La pena de derecho privado, en principio, es siempre en dinero, y, a diferencia de la "multa", que es pública, favorece al particular que puede exigirla; incluso convencionalmente puede acordarse que el deudor que no cumpla su deuda pague una pena al acreedor (XI 4). Una agravación que no tiene carácter económico es la de aquellas condenas que por reconocer la mala conciencia o "dolo" (X 1) del demandado la marcan con una descalificación personal de "infamia", que le inhabilita para algunos actos de derecho privado y público.

Asimismo se puede castigar a quien ha litigado sabiendo que no tenía razón, con la intención de sólo perturbar a otro, que es lo que se llama "calumnia". Esta sanción se encuentra en los juicios privados como un reflejo de lo que ocurría, en el derecho criminal, para las acusaciones injustas. En cambio, como el juicio es gratuito –incluso la misma intervención de abogados lo es, como principio–, no hay lugar para una condena agravada con las costas del juicio, como es posible hacer hoy.

En aquellas acciones en las que la estimación se deja a la discreción del demandante (III 13), podría verse una penalización del demandado vencido que no quiere restituir lo que debe, pero hay que tener siempre en cuenta que puede evitar tal penalización restituyendo, al demandante vencedor, conforme al arbitrio del juez: tal pena es por la obstinación de no restituir.

En los juicios por deuda de cantidad determinada puede el magistrado exigir cauciones estipulatorias (XI 8) de pagar además una cantidad proporcional a la cuantía del litigio para el caso de recaer una sentencia condenatoria. También la "concesión de una moratoria" (*constitutum*) agrava la situación del deudor que no cumple, mediante una acción pretoria en alternativa con la de la deuda civil.

En las deudas contractuales de dinero puede también aumentarse la cuantía de la condena que dicta el juez con el pago de cantidades suplementarias, en concepto de intereses por el retraso en el pago de la deuda ("intereses moratorios").

2 . Agravaciones similares de la condena pueden darse en otros casos, pero donde se destaca mejor el carácter de pena que la condena judicial tiene es en los juicios por deudas nacidas de una **delito**.

A diferencia de lo que ocurre con los crímenes públicos, estos delitos privados no dan lugar a un juicio más que cuando la víctima reclama con su acción privada ordinaria. Pero estos delitos tienen de común con los crímenes públicos la idea de que sólo responde de ellos quien los comete y no sus herederos: las acciones penales son pasivamente intransmisibles, y ya se ha hablado del régimen noxal (IV 9) para los delitos cometidos por esclavos o hijos bajo potestad.

Aunque no en todos los casos, la condena de estas acciones penales nacidas de un delito privado son a un múltiplo del daño: al doble, e incluso, a veces, a un múltiplo mayor. Con ese duplo penal no debe confundirse el de la condena de acciones que, aunque en algún caso nacen de un delito, aumentan al doble por haberse negado el demandado, independientemente de su mala o buena conciencia, a admitir la pretensión del demandante: se dice que tales acciones tienen "**litiscrescencia**" (que "crecen el doble" contra el que se opone a ellas); así ocurre, por ejemplo, con la "acción de lo juzgado", por la que se exige el cumplimiento de una condena judicial, y en no muchas otras acciones, que tienen en común el presuponer, en su antiguo origen, una declaración legal –de ley pública o privada– de "condenabilidad al doble" (*damnatio*).

3. Las acciones penales privadas por actos delictivos son pocas, por el derecho "civil", pero el pretor fue aumentando mucho su número, con la función de reprimir la ilicitud.

Un término general para designar la conducta injusta que debe ser castigada es el de "injuria" (*iniuria*), que indica ya por sí mismo lo que es contrario al "yus". En concreto, el pretor daba una "acción de **injurias**" por distintos actos ofensivos contra personas libres, sea en sus cuerpos, sea directamente en su honor: lesiones físicas o morales. La condena se valoraba por la ofensa (*contumelia*), en consideración a la honorabilidad de la victima y circunstancias del acto ofensivo. Con esta acción pretoria de injurias cayeron en desuso otras varias civiles, que tenían penas muy anticuadas.

El término *iniuria* vuelve a aparecer en el delito civil de daños causados en un patrimonio ajeno que había sido tipificado por la **ley Aquilia**: el "daño causado contra derecho" (*damnum iniuria datum*). Esta acción, aparte su litiscrescencia, tenía una condena, no por el estricto valor actual de la cosa dañada, sino por el que pudo tener en un momento anterior; por ejemplo, si se había dado muerte a un esclavo enfermo, el valor que había tenido antes de enfermar. Pero lo más interesante de este delito es que la Jurisprudencia interpretó que el daño causado "por injuria" podía haber sido causado por simple imprudencia, es decir, por "**culpa**", concepto que volvemos a ver en la lección XII, a propósito de los contratos. De este modo, el llamado "daño aquiliano" es el primer tipo de delito culposo en la historia jurídica, frente a todos los otros delitos, que suponían siempre la mala intención o "dolo" (*dolus malus*) del que los cometía.

4. El delito civil más típico es, sin duda, el de "**hurto**" (*furtum*), cuya condena era ordinariamente el doble del valor de una cosa mueble sustraída ocultamente a alguien por quien quería quedarse con ella. Hoy llamamos "ladrón" al que en latín era "*fur*", palabra desaparecida por la tendencia vulgar a preferir el término más despectivo (como "caballo", "pierna" o "casa" lo son), y sólo se conserva "hurto", "hurtar" y "furtivo" como derivados de ese antiguo término. Pero *latro* (de donde viene "ladrón") era, en latín, el que sustraía bienes ajenos con violencia, incluso con amenaza a la vida, es decir, el atracador: entraba en el ámbito criminal, como vemos que sucede con los dos *latrones* crucificados en el Gólgota; pero el pretor daba también una acción privada, más grave que la de hurto –al cuádruplo en vez del doble–, contra el que arrebataba con violencia, y este delito es el de "**robo**" propiamente dicho (*rapina*, de donde "rapiña").

Injurias, daños y hurto, los tres delitos de origen civil, dan lugar a acciones que son penales porque su condena no es de pura indemnización del perjuicio patrimonial causado: en el caso de injurias, porque falta un perjuicio patrimonial, ya que, no lo hay, ni siquiera cuando se trata de mutilaciones corporales, pues el cuerpo de un hombre libre, a diferencia del de un esclavo, es algo sin valor económico; en el caso del daño aquiliano, la acción es, en realidad, de indemnización, pero figura como penal porque podía ascender la condena, eventualmente, a un mayor valor patrimonial desaparecido; en el caso de hurto y de robo, la acción es penal por su condena a un múltiplo del valor de lo hurtado.

La "acción de hurto" es la más claramente penal de todas las acciones privadas nacidas de delito. El doble de su condena es pura pena para castigar a cada uno de los que cometieron el delito, y por eso se da, además de esa acción penal, una acción de indemnización, por el valor estricto de la cosa mueble hurtada (o robada), con lo que resulta que la víctima puede conseguir del ladrón, entre las dos acciones, el triple de ese valor. Esa acción de indemnización, llamada "reipersecutoria", puede ser la reivindicatoria, si la cosa sigue en poder de quien la hurtó, pero, en otro caso y siempre que se trate del más frecuente hurto de dinero u otra cosa fungible no identificable por el continente, la reivindicatoria es imposible y se acude entonces a una acción personal de objeto determinado que se llama "**condicción**" (con dos CC), por la cual se reclama la devolución del valor de la cosa perdida para el patrimonio del que sufrió el hurto: es la llamada "condicción furtiva".

5. Esta acción personal, como también la reivindicatoria a la que sustituye, compete tan sólo al dueño de la cosa hurtada, pues es él quien sufrió el daño patrimonial, en tanto la acción penal por el doble puede competer a otra persona que responda frente al dueño. En efecto, aunque las cosas no-fungibles se pierden, en principio, para su dueño, algunos deudores de cosas muebles determinadas asumen la responsabilidad, frente al que se las dejó, por el hurto e incluso por el daño aquiliano (IX 3). Se dice entonces que hay una **responsabilidad por "custodia"** en su sentido más técnico; no es el caso del depositario, obligado a guardar una cosa mueble, y que sólo responde de no ser cómplice del que sustraiga o dañe lo depositado, es decir, por su dolo; pero sí responde por "custodia", por ejemplo, el acreedor pignoraticio (VI 12), el comodatario (VIII 9), el arrendatario (XII), y el vendedor (XII 9). En estos casos, ese deudor que responde ante el dueño es quien puede ejercitar la acción de hurto en propio provecho.

Esta responsabilidad por "custodia", independiente del dolo y de la culpa del que asume tal responsabilidad, puede llamarse "objetiva"; pero este tipo de responsabilidad aparece aún más claramente en aquellos casos en que un empresario responde, mediante acciones pretorias, de los delitos cometidos por sus dependientes; así ocurre con el armador marítimo, los hosteleros, los recaudadores de impuestos (*publicani*), etc.; también los que habitan una vivienda responden objetivamente de los daños que desde ella se hayan causado en la calle. Sin embargo, el personalismo característico de la mentalidad jurídica romana mantuvo la responsabilidad objetiva dentro de unos límites bastante estrictos. Esto mismo explica que el derecho romano no conozca el contrato de "seguro", que tanta importancia tiene en el derecho moderno; lo que más se aproxima a él es el régimen, importado de Oriente, de una comunidad de riesgo en el transporte marítimo.

6 . La acción de restitución del valor que se da contra el ladrón es la misma que se da contra todo aquel que está obligado a devolver el dominio de una cosa, mueble o inmueble, y no lo hace. De este modo, la *condictio* sirve para evitar el enriquecimiento injusto de una patrimonio a costa de otro.

El concepto que abarca esos casos de dominio transmitido con obligación de devolución es el de "**crédito**" (*creditum*), un concepto más restringido que el de "acreedores", pues se llama así, en general, a todos los que pueden exigir una deuda, sea de la clase que sea, en tanto el *creditum* presupone una dación con obligación de devolver lo recibido.

Furtum y *creditum* son, pues, ideas comparables, sólo que aquél consiste en una sustracción oculta, contra la voluntad del dueño, y el *creditum*, en una dación del dominio con obligación de devolver; no es lo mismo sustraer algo que no devolverlo, pero el ladrón hace las dos cosas, y por eso se dan contra él las dos acciones.

7 . El prototipo del "crédito" –que da lugar a la "condicción"– es el préstamo de dinero u otra cantidad de cosa fungible, o préstamo "**mutuo**", pues el prestar dinero a quien lo necesita es un acto de ayuda amistosa, aunque la reclamación de lo prestado no lo sea; lo hace un mutuante mediante simple entrega efectiva al mutuario de la cantidad –sea personalmente, sea a través de otra persona en nombre del mutuante– con el convenio de devolver el mutuario la misma cantidad que recibió, sea cual sea la suerte de lo prestado, ya que el dinero, como las otras cosas consumibles-fungibles no perecen para el acreedor de la cantidad. El mutuario no debe más que la cantidad recibida, y si se conviene pagar unos intereses, ese pacto sólo tiene un efecto negativo (III 9); para que los intereses convenidos sean judicialmente exigibles, se requiere una caución estipulatoria, que solía reforzar la obligación de devolver la cantidad prestada (XI 10).

Los intereses del dinero prestado eran las "**usuras**" (*usurae*), y el préstamo que se hace con la obligación de pagar los intereses estipulados se llama "*fenus*". El préstamo "usurario" fue siempre considerado con suspicacia, y algunas leyes romanas, así como luego la doctrina tradicional de la Iglesia, limitaron las usuras; sólo el capitalismo protestante consiguió en la Edad Moderna eliminar la repugnancia moral tradicional por el préstamo con usuras, pues el capitalismo se funda principalmente en ellas. Pero las usuras no son frutos "civiles" del dinero, ya que el dinero, como cosa consumible que esencialmente es, no puede producir frutos; son mejor como una agravación por el retraso en la devolución del capital, aunque sea un retraso convenido.

Una modalidad especial del préstamo con usuras era el que se hacía para el comercio marítimo (*fenus nauticum*): en él la ilimitación legal de los intereses estipulables se compensaba con el riesgo que asumía el prestamista de perder lo prestado si el barco no llegaba a puerto. Es un negocio importado del Mediterráneo oriental, que los Romanos distinguieron del mutuo.

8. Las deudas crediticias son generalmente de dinero "contante" (*pecunia numerata*), y por eso es en ellas muy frecuente la intervención de los banqueros (*argentarii*: literalmente, "plateros" por la moneda ordinaria de plata), cuya contabilidad permite hacer transferencias sin necesidad de una entrega material de las monedas; sus libros de cuentas eran un medio muy ordinario de prueba, y por eso se les podía requerir para la presentación de esos libros en el juicio. Por ese mismo carácter "nominal" de las cuentas bancarias, los banqueros no podían reclamar judicialmente de sus clientes, si no querían perder el litigio por "petición excesiva" (*pluris petitio*), más que el saldo que les era favorable, por compensación con lo que tales banqueros debieran a sus clientes.

Por lo demás, cualquier deuda pecuniaria podía convertirse en "crediticia" (como ocurre hoy cuando "se fía" una deuda a alguien) mediante el convenio de "pasar a crédito" (*abire in creditum*), es decir, "cargar a la cuenta".

De hecho, las deudas crediticias solían, en todo caso, formalizarse mediante caución estipulatoria (lección XI), y documentarse, por lo que el negocio crediticio suele probarse ordinariamente mediante documento, en el que el crédito viene a quedar "corporizado".

9. En todos los casos de una dación de la que surge la obligación de devolver, sancionada por la condicción, es decir, la acción de deuda de objeto determinado (*actio certi*), esa obligación no nacía del convenio entre las partes, que puede darse ordinariamente, sino del mismo hecho de **retener sin derecho** lo que se adquirió de manera no definitiva; por eso se extiende la condicción a casos en los que, sin previo convenio, se producía una retención del dominio sin "causa" (X 5); así sucede en el caso ya visto del hurto, en que aquella acción "reipersecutoria" se da como acumulada a la penal por el delito (supra 4). Algo parecido ocurre cuando se paga por error lo que no se debía, o a quien no se debía, o más de lo que se debía: en ese caso, el convenio era de extinguir una deuda y no el de obligar a devolver; pero, contra el que cobró indebidamente, se da una condicción de devolución de lo indebidamente cobrado: la "condicción de lo no debido" (*condictio indebiti*), siempre que el que pagó pruebe que lo hizo indebidamente, pues el error se presume (III 10), y es el demandado el que, eventualmente, debe probar que aquél no pagó por error sino con ánimo de hacer donación.

Aunque el "crédito", como la misma acción de la condicción, se ajustaba mejor a las deudas de dinero, no hubo dificultad para extenderlos a las deudas de devolver algo cuyo dominio o disponibilidad se recibió con un determinado destino que no se ha cumplido (*ob rem*), o en razón de una previsión que luego ha resultado fallida (*ob causam*).

Así, pues, el previo convenio de devolver lo recibido, cuando existe tal convenio, es causa de la dación, pero no "fuente" de la obligación, como ocurre con los contratos (lecc. XII); en este sentido, la obligación crediticia se parece a la nacida de un delito, pues surge de la ilicitud de una retención más que de un acuerdo contractual. Lo mismo puede decirse de las deudas sancionadas por acciones pretorias, que, aún sin ser siempre "penales", vienen a reprimir conductas ilícitas, como es la de retener indebidamente algo que se debe devolver porque se tenía en posesión o tenencia temporal.

En las daciones de cosas no-fungibles, como éstas pueden perderse sin posibilidad de sustitución por otras iguales, el deudor queda liberado si la pérdida de ellas no se ha debido a un acto propio, –no se habla aquí de "culpa"–, pero sí debe indemnizar el valor de lo debido si la pérdida se ha producido después de haberle sido reclamada la devolución, es decir, estando ese deudor en "**mora**"; y el que hurtó se considera que está en mora desde el primer momento, pues nunca tuvo derecho alguno a retener lo hurtado.

El que retiene lo recibido de otro de manera no definitiva está obligado, en principio, a devolverlo inmediatamente, pero si el acreedor se lo reclama de manera intempestiva, puede defenderse con la excepción de dolo. El **plazo** que se puede convenir para la devolución de lo dado no afecta directamente a la obligación, a diferencia de lo que ocurre en las deudas nacidas de una estipulación (XI 2), sino que sólo dan lugar a una excepción a favor del deudor que se ve judicialmente reclamado antes del plazo convenido; pero, si se cumplen voluntariamente antes del plazo, se considera que están bien pagadas, pues la deuda existía por derecho civil, y por eso no puede reclamarse la devolución del pago como "indebido".

10. El cumplimiento de la obligación crediticia se llama hoy "**pago**" y, en derecho romano se llamaba "*solutio*"; deriva este término de la idea de "soltar" (*sólvere*) el dinero, ya que, como hemos visto, el "crédito" tiene como objeto más originario y propio el dinero; "pagar", en cambio, significa "quedar en paz" con el acreedor, y por eso puede referirse a cualquier tipo de deuda, aunque también hoy, en el lenguaje popular, "pagar" se siga entendiendo como acto de dar dinero al acreedor. En todo caso, el pago es una modalidad de indemnización, aunque sea un acto convencional.

También el pago que es la *solutio* vale como dación; siendo una dación de dominio, como éste es divisible, también cabe que el pago sea parcial, pero el acreedor puede negarse a aceptar un pago parcial; cuando la dación se refiere a un derecho indivisible, como la constitución de una servidumbre, el pago es también absolutamente indivisible, como lo es siempre el cumplimiento de una deuda de "hacer" y no de "dar" (XI 3).

La causa de esta dación es precisamente el acuerdo de extinguir la deuda crediticia, que es siempre de objeto determinado, pues lo que se ha dado nunca puede ser algo indeterminado, y tampoco lo que se devuelve, sea una cantidad o una cosa no-fungible.

Como el pago supone un convenio, el pago requiere la aceptación por parte del acreedor, pero si éste se niega injustamente a aceptar el pago, incurre él en mora (*mora creditoris*), con la consecuencia de que, si se trata de cosa no-fungible, el acreedor moroso asume el riesgo de toda pérdida de ella. Si se trata de dinero, puede el deudor dejar la cantidad a disposición del acreedor, depositada en un templo (pago por "consignación"), con lo cual se libera del riesgo de la posible pérdida, incluso aunque él se hubiera retrasado en cumplir su obligación: la mora del acreedor "purga" entonces la suya anterior (*purgatio morae*).

Al ser pecuniaria toda condena judicial, también ésta es objeto de *solutio*. El incumplimiento actual o previsible de esta deuda da lugar al concepto de "insolvencia" (de "no estar en situación de poder pagar": *solvendo non esse*). En este caso, la insolvencia significa la "iliquidez" actual, es decir, la falta de dinero suficiente para poder pagar, pero otras veces significa la falta de patrimonio suficiente o la sospecha de que puede no serlo, como cuando se repudia una herencia por creerla "insolvente".

Como "dar" quiere decir hacer adquirir algo, el pago crediticio puede hacerlo cualquier persona siempre que lo haga en nombre del deudor, es decir, a causa de querer producir la extinción de la deuda de éste; si lo hace por autorización notificada al acreedor (*iussum solvendi*), el pagador se hace, por la cantidad pagada, acreedor mutuario del deudor liberado que delegó en él para el pago; si lo hizo por simple encargo, o espontáneamente, queda en la posición de *procurator* (V 7), y tiene acción para el reembolso de lo que pagó.

LECCIÓN X
VOLUNTAD, FORMA Y CAUSA DE LOS ACTOS JURÍDICOS

1. Todo "acto" humano –de *ágere*, el hacer de conducta frente al hacer de obra, *fácere*, en correspondencia a la contraposición griega entre *prattein* (de donde "práctica") y *poiein* (de donde "poesía")– es una manifestación de la esencial libertad individual, y, por tanto, un acto de su voluntad: de ahí la importancia de la voluntad también para el derecho, que se refiere a "actos" de responsabilidad, susceptibles de un juicio de aprobación o reproche judicial, y que, precisamente por el posible juicio de un juez, son actos "jurídicos".

Los actos jurídicos pueden ser lícitos, es decir, permitidos por el derecho, o ilícitos. Tanto unos como otros pueden realizarse directamente o con la mediación de otra persona: los lícitos, por representantes (V 7), y los ilícitos, induciendo a que otra persona los realice materialmente; tanto el nombramiento de un representante como la inducción para la comisión de un delito son ya ellos mismos actos jurídicos, lícito el primero y delictivo el segundo.

De los actos ilícitos, que dan lugar a un juicio público no vamos a tratar; de los que están sancionados como delitos por una pena o una indemnización privada acabamos de hablar en la anterior lección; ahora nos toca ver algo general sobre los actos lícitos que se enderezan a producir efectos jurídicos patrimoniales del tráfico ordinario, que son en sí mismos actos pacíficos, pero que pueden dar lugar a una reclamación judicial; si no tienen ese posible efecto judicial, son actos meramente morales, irrelevantes para el derecho, es decir, para los jueces.

Estos actos jurídicos lícitos son expresión de una voluntad de los particulares que los realizan, manifestaciones de su voluntad, pero, en la medida en que se hacen para producir determinados efectos lícitos, son "declaraciones" y no simples "manifestaciones".

Si un acto jurídico debe entenderse como expresión de la voluntad del que lo hace, esta consideración debe, en mayor o menor medida, servir para determinar los efectos de tal acto. Como estos actos se rigen ante todo por la voluntad lícita de los que los hacen, hablamos hoy de la "**autonomía de la voluntad**" como principio general del derecho privado.

La voluntad es siempre una disposición anímica, interior del hombre, y, por eso mismo, algo difícil de probar judicialmente. Ocurre así con todas las disposiciones internas, como la de la mala o buena fe, que se refiere a la conciencia de perjudicar o no el derecho ajeno, o las "intenciones" finales con que se realizan los actos jurídicos. Sobre todo, tiene especial relevancia para el derecho privado, la intención maliciosa de perjudicar a otro, que recibe el nombre de "**dolo**" (*dolus malus*). Esta dificultad es la que induce a que en derecho se tienda a objetivar el elemento intencional mediante algún signo exterior. Así, la intención maliciosa, llamada "dolosa", se presupone en cualquier acto que sea objetivamente delictivo, aparte la suficiencia de la imprudencia o "culpa" a efectos del daño aquiliano (IX 3).

2. A esta necesidad de objetivar la voluntad de los particulares que realizan un acto jurídico obedece la importancia de la "**forma**" de éstos.

Casi todos los actos suelen realizarse mediante una cierta forma, pero ésta, muchas veces, tan sólo sirve para facilitar la prueba judicial del acto realizado, por ejemplo, cuando se escribe un documento contractual; pero, en algunos casos, esa forma es "solemne", en el sentido de que, por un lado, es imprescindible para que tal acto produzca sus efectos, y, por otro lado, es suficiente para exigir tales efectos, sin que sea necesario probar ante el juez la voluntad de que se produzcan.

El derecho más antiguo presenta más actos "formales" de éstos, en los que puede verse cierta similitud con los ritos religiosos, que también producen los efectos a que se destinan por la misma forma ritualmente celebrada.

En el derecho privado romano de época clásica nos encontramos como subsistentes varios actos solemnes de este tipo; dos de ellos son principales: la *mancipatio* (VI 11), de la que proceden el testamento (VII 6) y otros actos derivados, y la *stipulatio*, de la que se trata en la lección XI; la primera consiste en palabras y gestos rituales, la segunda, en una pregunta y congruente respuesta, con palabras determinadas: sin ese rito, tales actos no valen. La formalidad de esos actos explica todo su régimen jurídico especial. La mayoría de los actos jurídicos, sin embargo, no son actos "formales"; tampoco lo es la sentencia del juez privado. Los actos del magistrado tienen sí cierta formalidad, por deber ser realizados en el estrado oficial (*tribunal*), aunque algunas veces pueden realizarlos sin el requisito de esa elevación material o "*de plano*", es decir, con los pies en el suelo; un ejemplo de acto formal del pretor hemos visto en la *addictio* (III 6).

En los actos "formales" la voluntad se muestra al haberlos realizado: se quiere hacerlos más que se quieren sus consecuencias, pues éstas derivan del mismo acto más que de una voluntad directa de producirlas. Por eso, los defectos que pueda tener la intención final de quien hace esos actos pueden dar lugar, a veces, a acciones pretorias contra conductas ilícitas por las que se obtiene ventaja de ellos, pero no invalidan los efectos del acto formal. Consecuentemente, tampoco tiene mucha cabida la interpretación de la intención o "*animus*", ni del posible error de quien hace tales actos; excepcionalmente la **interpretación** de la voluntad tiene una gran importancia en la forma testamentaria, pero esto se debe a que el testamento surte efectos cuando el testador ya ha muerto y no puede, está claro, rectificar su propia declaración, por lo que hace falta aclarar su intención para evitar que, eventualmente, su testamento no valga por no ser del todo evidente la expresión de la voluntad.

3. En actos inter vivos los defectos de la voluntad pueden dar lugar, como acaba de decirse, a acciones pretorias en razón de un aprovechamiento injusto en perjuicio de otro. Así sucede cuando se ha coaccionado con amenazas a alguien para que realice un acto jurídico: el pretor da una acción "por causa de intimidación" o "miedo" (*actio quod metus causa*: la intimidación es la causa del acto) contra todo el que retiene la ventaja patrimonial producida por el acto coaccionado, aunque el que la retenga no sea el mismo que coaccionó: la ilicitud está en el hecho de la retención, a efectos de esa acción, aunque la violencia misma de la coacción también puede dar lugar a una acción criminal, de carácter público.

Asimismo, cuando alguien engaña a otro para que haga uno de esos actos y se lucra con ellos, el pretor da una acción "de dolo" (*actio de dolo et fraude*) por el valor del perjuicio sufrido; a pesar de no ser a un múltiplo, la acción se considera "penal" y su condena produce, en el que la sufre, la nota de "infamia", como en otras acciones penales o que, al menos, suponen un dolo del condenado. Pero esta acción se da tan sólo cuando el dolo ha inducido a realizar el acto ("dolo causante"), y sólo cuando no hay otra acción que sirva para indemnizar el daño resultante, por lo que se dice que es una "acción subsidiaria". Por ello mismo, esta acción, como tampoco la de intimidación, no se da cuando se engaña en un contrato, ya que las acciones contractuales como veremos en la lección XII, sirven ya por ellas mismas para invalidar lo que se hace con una voluntad defectuosa. En cambio, estas acciones pretorias pueden darse cuando se ha realizado un acto que, aunque no sea formal, ha producido ya unos efectos irreversibles; se da incluso una restitución por entero (III 8); así ocurre, sobre todo, con la entrega o "tradición" (VI 13), que no es un acto formal, sino "causal", como se explica a continuación.

4. Todos los actos jurídicos lícitos se hacen por algo y para algo: lo primero es la "causa", y lo segundo, el "fin". La **causa** es anterior y el fin, posterior al acto, pero la previsión del fin puede, al ser anterior como tal previsión, confundirse a veces con la causa. Por ejemplo, la previsión de un futuro matrimonio entra en la causa de la dote, y el fin de esta dote es subvenir a las cargas del futuro matrimonio; pero, en cambio, el querer obligarse a cambiar una cosa por un precio es la causa de una compraventa y el cambio efectivo mismo es el fin, que fácilmente se puede confundir con la voluntad anterior de tal cambio.

Tan sólo algunos pocos actos jurídicos lícitos carecen de causa: se hacen para algo, pero el por qué se hacen excede de la consideración jurídica; por ejemplo, el cazar o pescar: son actos con un fin jurídico, que es la "ocupación" (VI 10), pero sin una causa propiamente jurídica; en el caso de la caza, o de la pesca, el que haya una cosa ocupable como *res nullius* es un requisito pero no la causa, y el querer apropiarse de lo capturado es un fin de la "ocupación", pero tampoco hay causa para la donación, pues la generosidad o "liberalidad" puede ser una virtud, pero nunca una causa jurídica: la donación del fariseo sigue siendo una donación aunque falte toda generosidad de ánimo.

Los actos formales de los que veníamos hablando sí que tienen una causa jurídica, pero la relevancia que en ellos tiene la forma hace que la causa quede como oculta: decimos que son **actos "abstractos"**. Quien los hace valer ante el juez debe probar el acto realizado, pero no se le pide que pruebe la causa. La mancipación (VI 11), por ejemplo, es un acto abstracto porque produce sus efectos de dar el dominio sea cual sea su causa (una venta, una donación, un pago, etc.). En la lección XI veremos las consecuencias que tiene el carácter abstracto de la estipulación, acto abstracto por excelencia.

Las daciones, ordinariamente, no son de carácter abstracto porque se realizan mediante la simple entrega de la posesión, como es evidente cuando se trata de dinero; en todo caso, para retener lícitamente lo recibido debe haber una "justa causa" (infra 5), faltando la cual hay obligación de devolverlo (IX 9).

La subsistencia de actos formales abstractos como la mancipación y la estipulación, como también la *addictio* del magistrado (III 6), se explica por la gran ventaja que la forma tiene a efectos de la eventual prueba judicial. Pero la tendencia general del derecho romano es a recurrir con ese fin a la documentación por escrito de los actos jurídicos, contra la tradición romana de la preferencia por la prueba de testigos, que era la originaria de los actos solemnes (III 11).

En general, en derecho romano, la voluntad queda objetivada por el acto típico que se ha querido realizar –el "*quid actum est*"–, y la investigación de la intención subjetiva tiene un ámbito muy limitado. Esto es una exigencia de la certeza de los actos jurídicos, algo imprescindible para la seguridad del derecho, sin la que la justicia resulta difícil.

5 . La tradición o entrega de la posesión con el fin de dar el dominio es el más típico de los actos causales. En ella es precisamente la causa jurídicamente suficiente (*iusta causa*) la que hace producir el efecto adquisitivo, que depende, por lo demás, de que haga tradición quien tenga el dominio de lo que deja que otro tome para sí; como también en la mancipación, el papel activo es el de que recibe, del "accipiente", no del que "da".

"**Justa**" **causa** no es una justificación moral, como suele entenderse vulgarmente, sino una causa concretamente tipificada por la Jurisprudencia, el "yus", como suficiente para que un acto produzca su pertienente efecto jurídico. Así, las justas causas de la dación de dominio por entrega posesoria o "tradición" son unos determinados convenios previos a ésta. Aparte el convenio de prestar, que es el *creditum* (IX 6), son justas causas de la tradición, tan sólo la de compraventa, la de donación o de dote y la de pago. Estas mismas justas causas justifican también la usucapión (VI 14), pero, respecto a ésta, hay que añadir otras que no son de "transmisión convencional" como las enumeradas, sino de "apropiación posesoria unilateral" como son la que tiene por objeto una cosa mueble abandonada o cuando se recibe a título de herencia o de legado de efecto real; también respecto a estas justas causas, la usucapión resulta necesaria cuando la persona que abandonó la cosa o de quien se recibe por herencia o legado *per vindicationem* no era propietaria; pero la Jurisprudencia exigió también la usucapión cuando el abandono o "derrelicción" era de una cosa mueble del *mancipium* (VI 8).

Respecto a la usucapión, se habla más de "títulos" que de "justas causas", pero ambos conceptos son idénticos; el término "título" proviene de las rúbricas de los comentarios jurisprudenciales que trataban de tales causas de la usucapión. A los mencionados "títulos" de la usucapión hay que añadir el de algunos casos en que el pretor autoriza por decreto la toma de posesión civil, y un conjunto de casos varios que la Jurisprudencia agrupa bajo la denominación de "como cosa propia" (*pro suo*), entre los que llegó a admitir aquellos casos en que, por error, se cree que hubo una justa causa realmente inexistente (el llamado "título putativo", es decir, "pensado", pero no real).

Como ya se ha dicho (VI 14), una vez que se ha probado uno de estos títulos de usucapión, se presume (III 11) que el poseedor empezó a poseer de buena fe, ya que la prueba de la buena fe es difícil; únicamente en el título putativo debe probarse el error.

6. Frente a la "forma", la "causa" es el fondo, y por eso supone la prueba de un acto "voluntario", que es precisamente la "justa causa".

La estipulación, como veremos (lecc. XI), es una promesa formal abstracta, que puede tener cualquier causa, pero, en algunos casos, estas promesas son **recíprocas** entre dos personas, y se da así una interdependencia de fondo entre dos promesas abstractas. La Jurisprudencia romana parece haber llegado a la idea de que, cuando hay dos promesas recíprocas, su interdependencia hace que cada una de ellas sea justa causa de la otra, y, de ese modo, el efecto de ambas no depende ya de su forma abstracta, sino de esa causa recíproca. Ese parece haber sido el origen de los contratos consensuales, de los que se trata en la lección XII 3.

Aunque las acciones de los contratos consensuales sean acciones civiles y no pretorias, sin embargo, es un rasgo muy característico del ordenamiento pretorio el haber dado más relevancia a la causa de los actos jurídicos, es decir, más a su fondo que a su forma, que era la que el derecho civil antiguo tomaba más en consideración; así, frente a la antigua propiedad fundada en el rito de la mancipación, la nueva propiedad pretoria se funda en la posesión adquirida con justa causa, y la antigua usucapión complementaria de la mancipación hecha por quien no era propietario queda reducida, gracias a la reivindicatoria ficticia de la que ya se ha hablado (VI 15), a esa justa causa de la posesión.

El progreso de la consideración de la causa, al suponer ésta, generalmente una voluntad convencional, implicaba, a su vez, una mayor relevancia de la voluntad de los que intervenían en el acto causante. Esto tiene una expresión especial en la posibilidad de diferir o de poner fin a los efectos de un acto jurídico: en el primer caso se habla de "suspender", y en el segundo, de "resolver" tales efectos.

7. La determinación voluntaria de diferir o de resolver los efectos de un acto puede depender bien de un hecho futuro e incierto, es decir, que puede ocurrir o no, bien de la llegada de un momento cierto, como es una medida de tiempo, pero también una fecha imprevisible, como es la muerte: lo primero se llama "**condición**" (*condicio*, es decir, "declaración añadida") en el sentido más técnico de la palabra, y la segunda se llama "**término**" (*dies*).

La palabra "cierto" (*certum*) tiene, pues, dos significados posibles: puede tratarse, como respecto al término, de certeza por "seguridad" de que algo ocurra, o puede tratarse de certeza por "determinación", como cuando hablamos del objeto "cierto" de una deuda.

Así como el término ocurre siempre sin intervención de la voluntad de la persona interesada, la condición es, a veces, casual, pero otras, depende principalmente de la voluntad del que quiere cumplirla, aunque tal voluntad pueda verse impedida, a veces, por una circunstancia imprevista.

Estas dos modalidades –condición y término– son las más importantes y frecuentes que la voluntad puede imponer a los efectos de un acto; modalidades que se llaman hoy "accidentales".

Ambas modalidades pueden aparecer relacionadas. En efecto, es frecuente que la expectativa de cumplimiento de una condición quede limitada por un término, por ejemplo, un plazo de espera, o también la muerte del que debe cumplir personalmente el acto de la condición. Asimismo, el hecho de la muerte, siendo algo seguro, puede quedar implícitamente subordinado a la supervivencia de otra persona, y, siendo inseguro que se dé esa supervivencia, tal término inseguro (*dies incertus*) vale entonces como condición y no como término propiamente dicho.

Por lo demás, si la condición se refiere a un hecho actual o pasado, no es una verdadera condición, sino una "condición impropia", pues, aunque haya que esperar la comprobación de que ha ocurrido el hecho, los efectos del acto no se supeditan a ese momento de la futura comprobación de un hecho que no es futuro, sino que se entienden producidos desde el primer momento, "desde entonces" y no "desde ahora" ("*ex tunc*" y no "*ex nunc*"). Precisamente fue la admisión de efectos retroactivos ("*ex tunc*") para la condición propiamente dicha lo que, en el derecho post-romano, vino a equiparar esa condición con la "impropia".

Tampoco son condiciones propiamente dichas los requisitos que el derecho puede establecer para que un acto surta efectos, por ejemplo, el de la necesaria capacidad personal, el de la forma solemne requerida, el de la muerte del que ha dejado un testamento, etc.: son las llamadas "condiciones de derecho". La condición propiamente dicha es siempre una declaración, y no un requisito jurídico.

Por último, la condición afecta a la existencia misma del efecto del acto, en tanto el término a la exigibilidad judicial de aquél.

8. La posibilidad de suspender –mediante condición o término **suspensivos**– los efectos de un acto sólo se da en aquellos cuyo efecto no es necesariamente inmediato, sino futuro, en tanto la de **resolverlos** puede darse, en principio, en cualquier caso; sólo que la Jurisprudencia romana rechaza la idea de modalidades accidentales de resolución. Aunque, como hemos dicho (VI 1), el matrimonio no es un acto jurídico, sino una posición de hecho, como la posesión, puede servirnos para ilustrar esta idea: así como los esponsales (VI 3) pueden tener condiciones, pues son previsiones de un matrimonio futuro, el matrimonio mismo, que tiene efectos inmediatos, no tolera razonablemente que se subordine a suspensión alguna –existe o no existe–, como tampoco cabe plazo en el consentimiento conyugal.

La imposibilidad de suspender o resolver los efectos se da ya en los distintos actos de las acciones, como son la petición de acción y su concesión por el magistrado, la litiscontestación y la sentencia; esta última está condicionada por la fórmula, que condiciona la posible condena al resultado positivo de las pruebas judiciales, pero la sentencia misma del juez no puede condicionarse; sí, en cambio, el anuncio previo que puede hacer el juez (*pronuntiatio*) de que va a condenar al demandado si éste no restituye lo que debe restituir al demandante vencedor (III 13).

De los dos principales actos de forma solemne, la mancipación y la estipulación, el primero, que tiene efectos inmediatos, no admite la suspensión de ellos. Es, así como otros actos derivados de esa forma, un acto que no tolera ni la condición ni el término; en cambio, el testamento, que deriva también de la forma de la mancipación, sí los tolera como suspensivos, pues los efectos del testamento no son inmediatos, sino previstos para el momento futuro de la muerte del testador. Del mismo modo que la institución de heredero puede ser condicional, las substituciones (VII 6) son siempre condicionales. En cambio, como la aceptación, por parte de los interesados, de las disposiciones que figuran en un testamento deben producir efectos inmediatos, el acto de aceptación no tolera la suspensión de sus efectos.

La institución de heredero, que sí puede supeditarse a una condición suspensiva, no tolera, en cambio, el término, por la razón de que esa suspensión podría dejar mucho tiempo en suspenso la existencia de un heredero; pero, por no presentar este inconveniente, sí se admite, como hemos visto (VII 14), que se imponga a un heredero el tener que traspasar su herencia a un fideicomisario universal; es siempre bajo condición, pues, aunque se imponga un plazo, como puede ser la muerte del heredero obligado por el fideicomiso, se trata de un "día incierto" (supra 7), ya que depende de la eventual supervivencia del fideicomisario.

9. De todos modos, aunque la mancipación, como otros actos de efecto inmediato derivados de ella, como son la manumisión, adopción, etc., no toleran la suspensión de sus efectos, ni tampoco una "resolución" propiamente dicha, la mancipación sí puede producir un resultado similar al de la "resolución" en virtud de las limitaciones que el que mancipa puede imponer al adquirente. Ya se ha hablado (VI 11) de la mancipación fiduciaria (*fiduciae causa*), en la que, sin indicarse en el mismo acto la causa concreta de la que depende la transmisión del dominio, sino sólo en los pactos adjuntos, sí se impone al adquirente en el mismo acto mancipatorio una obligación de restituir; pero las declaraciones del que transfiere por mancipación puede también imponer una "**leyes privadas**" al acto de disposición que realiza, en virtud de las cuales puede él recuperar directamente el dominio de lo transferido; por ejemplo, si se hace mancipación de un esclavo con la ley privada de que se le haga salir de la ciudad: si esta ley no se cumple, el enajenante recupera su dominio sobre el esclavo. No se trata de una condición resolutoria, sino de una limitación del derecho del adquirente, como ocurre cuando se transfiere el dominio con reserva del usufructo a favor del enajenante (VIII 6). Pero este resultado aparentemente resolutorio no se da, en cambio, fuera del acto formal de la mancipación.

10. En la **estipulación** (lecc. XI), el otro acto formal importante, las condiciones y términos suspensivos no encuentran obstáculo, ya que la estipulación se refiere a un cumplimiento futuro de la promesa, pero no se admite, en cambio, la resolución de la deuda del promitente.

En los **contratos** (lecc. XII), por el contrario, la previsión de resolución es siempre admisible, pero el resultado de la previsión resolutoria se alcanza, en cambio, mediante la eficacia de un pacto de resolver suspensivamente condicionado o aplazado: lo que queda en suspenso es el pacto de resolver. Esta resolución contractual, sin embargo, no tiene el efecto ejecutivo de las "leyes privadas" de la mancipación, sino que tan sólo consiste en que la parte interesada en la resolución ejercite la acción personal que ya tiene por el mismo contrato, pero con el fin de conseguir las devoluciones recíprocas de las cosas intercambiadas en el contrato de compraventa, o de poner fin a las obligaciones recíprocas en los otros contratos. En ningún caso los efectos de la resolución son retroactivos ("*ex tunc*"), sino desde el momento de la resolución ("*ex nunc*"); así el que devuelve una cosa que le ha producido algo se queda con ese producto, y nada puede reclamar por los gastos que le ha ocasionado.

Si tenemos en cuenta que el principal de los contratos, la compraventa, es la más frecuente justa causa de la tradición y de la usucapión, comprenderemos la importancia que las modalidades accidentales de la voluntad que configura aquel contrato han de tener en todo el régimen de la pertenencia de los bienes.

LECCIÓN XI

LAS CAUTELAS ESTIPULATORIAS

1. Todo el derecho privado es caucional, en el sentido de que previene los posibles conflictos patrimoniales y les asegura un resultado justo, pero en esta lección tratamos de aquellos actos llamados "**cauciones**" –es decir, "precauciones"–, por los que se hace surgir una obligación civil de seguridad para un actual o eventual juicio privado, y sirven como pruebas pre-constituidas con ese fin. La forma propia de esas cauciones es la estipulación.

La **estipulación** (*stipulatio*) es la forma jurídica principal de todo el derecho romano. Consiste en la conjunción de una pregunta y respuesta congruente, por la que la persona que pregunta se hace acreedora y la que responde se hace deudora. La obligación de ésta es, por tanto, unilateral, sin reciprocidad por parte del estipulante, que se hace acreedor sin obligarse él a nada; en esto guarda similitud con el juramento promisorio, con el que tiene cierta afinidad de origen, y se distingue, en cambio, de los contratos (lecc. XII), que engendran obligaciones recíprocas entre los que los convienen.

La estipulación es la forma más simple de contraer una obligación; en realidad, es una formalización de una deuda libremente convenida pero que, sin esa forma verbal, no tendría el mismo efecto jurídico. Como acto abstracto (X 6), la obligación que produce puede ser formalmente extinguida, mediante un acto contrario del mismo carácter abstracto, por el que el acreedor responde afirmativamente al deudor que le pregunta si ha cobrado lo que se le debía, aunque no haya habido un pago real: este acto se llama "acceptilación" (*acceptilatio*), es decir, "reconocimiento de cobro".

De hecho, para facilitar la prueba de una estipulación, se acude a la redacción de un documento, de manera que, al hablar de estipulaciones, hemos de entender que se trata ordinariamente de los documentos que las hacen constar. En este sentido, la estipulación tiene más que ver con el documento que con el contrato o el pacto modernos.

Estos documentos estipulatorios se llaman ya "*cautiones*" (de *cavére*, precaver), porque sirven de prueba eficaz para la eventual reclamación judicial de una deuda; pero, en una acepción más estricta, son "*cautiones*" tan sólo las estipulaciones que se aseguran con fiadores (infra 5) o con una garantía real de fiducia (VI 11) o prenda (VI 12), pues son todavía mas caucionales que la simple estipulación (*nuda promissio*).

2. Todo el régimen de la estipulación, acto claramente civil y no pretorio –aunque llamemos "pretorias" a las estipulaciones exigidas por el magistrado (infra 6 ss.)–, depende estrictamente de la "forma" verbal en que consiste, con sus palabras determinadas. Por eso, la obligación que nace de esa forma tiene que ser siempre entre las personas que intervienen en el acto; una estipulación a favor de tercero o a cargo de tercero sería inválida por incongruencia. Sin embargo, la obligación nacida de la estipulación es transmisible a los herederos de una y otra parte, entre los cuales se divide por cuotas proporcionales a las de la herencia, aunque cuando la obligación es indivisble, queda cada uno de ellos como acreedor o deudor del todo, es decir, se da entre ellos la "solidaridad" de que se habla más adelante (infra 4).

Por ese mismo formalismo de la estipulación, todas las palabras que se pronuncian antes del verbo interrogativo "¿prometes?" –no las que vengan después de ese verbo–, determinan el objeto de la obligación; por ejemplo, las condiciones y términos (X 7), el señalamiento del lugar del pago, la calidad del género debido, etc.: no hace falta, pues, hacer valer esos convenios mediante una excepción de pacto (XII 2), como sucede con las obligaciones nacidas de una dación (IX 7).

3. Cuando la deuda estipulatoria tiene por objeto dar una cosa o cantidad determinadas, la acción del acreedor es la misma acción "de dar objeto determinado" (*actio certi*) de la que se ha hablado como *condictio* para los casos de daciones con obligación de devolver lo dado (IX 7): no hay diferencia entre la obligación de devolver lo recibido de ese modo y la de dar lo que se ha prometido formalmente. Pero la estipulación puede tener también por objeto dar algo indeterminado, por ejemplo, la indemnización de un eventual daño patrimonial futuro, o también puede consistir, no en "dar", sino en "hacer" algo, como, por ejemplo, "entregar" la posesión de una cosa; en estos casos, da lugar a una acción "de objeto indeterminado". Cuando la deuda es de hacer o de dar algo indivisible, tal deuda es en sí misma indivisible, aparte la indivisibilidad de todo pago de la que ya se ha hecho mención como facultativa para el acreedor (IX 10).

La estipulación es siempre una forma "cautelar", porque sirve para asegurar o reforzar una obligación unilateral, pero las modalidades con ese fin son muy varias, como se verá a continuación.

Sirve ya a ese fin la estipulación de objeto alternativo, que obliga al deudor a cumplir con una cosa u otra, ordinariamente a su elección, pues no le libera si se hace objetivamente imposible cumplir con tan sólo una de ellas; y supone una gran seguridad para el acreedor el estipular que uno de los objetos sea una cantidad de dinero, pues éste, como cosa genérica, nunca es de pago imposible, pues no perece (VIII 2).

Cuando se estipula una cantidad, dentro de un género más o menos amplio, es normalmente el deudor quien elige las especies individuales, pero, al tener un objeto fungible, el deudor no puede quedar nunca liberado, pues "el género no perece". Cuando el género es muy reducido –por ejemplo, "uno de los barriles de mi bodega"–, la obligación viene a aproximarse a la alternativa, pues ese género tan reducido sí puede perecer enteramente.

Cierta similitud con la estipulación de objeto alternativo tiene la "estipulación penal", que se puede agregar a cualquier clase de deuda. El acreedor estipula de su deudor que éste le pagará una cantidad de dinero si no cumple su deuda. Pero puede estipularse también una pena proporcional al retraso en el cumplimiento de la obligación, en cuyo caso la obligación no es ya alternativa, sino que se acumula a la principal; algo parecido ocurre con la estipulación de intereses añadida al mutuo (IX 7), aunque, en ese caso, el retraso en la devolución de la cantidad prestada sea convenido. En todo caso, la estipulación penal supone una coacción patrimonial para el deudor que promete pagar la pena.

4. Cuando intervienen a la vez varias personas como estipulantes o varios promitentes, se produce un efecto "**solidario**", es decir, que cada uno de los estipulantes o cada uno de los promitentes lo son de la deuda entera, independientemente de la relación que pueda existir entre unos u otros; "*in solidum*" quiere decir precisamente "por entero", es decir, sin cuotas, como ya se ha dicho a propósito de la solidaridad del "uso" (VIII 5). Esta solidaridad es ya una forma de asegurar una obligación por ser cualquiera de los acreedores el que puede cobrar y exigir la deuda, o, por ser varios los deudores, se puede cobrarla o exigirla de cualquiera de ellos.

5. Esta misma solidaridad se produce cuando una persona promete lo mismo que otra ha prometido al mismo estipulante, mediante una "**adpromisión**" o promesa añadida de otro deudor. Estos deudores adjuntos son los "**fiadores**", que garantizan así el cumplimiento de la deuda exponiéndose ellos mismos a la eventual reclamación del acreedor, que ordinariamente preferirá reclamar de ellos que del deudor anterior, ya que sólo habrá aceptado tales fiadores si los consideraba más solventes (IX 10). El tipo más antiguo de esta fianza es la de los *sponsores*.

La misma solidaridad que se da entre el deudor principal y el fiador, en virtud de la cual el acreedor puede reclamar indistintamente de cualquiera de ellos, se extiende igualmente a la pluralidad de fiadores, con la cual se refuerza la garantía de la deuda única que puede exigir el acreedor.

Esta adpromisión de garantía se vio completada por una nueva forma similar a la estipulatoria que es la "**fideyusión**" (*fideiussio*), que servía para garantizar cualquier tipo de deudas y no tan sólo la nacidas de una estipulación, como ocurría con la adpromisión. Esta nueva forma acabó por desplazar a la de la adpromisión, y de ella viene propiamente el nombre de "fianza", con la que se alude a la confianza (*fides*: XII 7) que el acreedor tiene en tales garantes. Así, pues, la fianza no implica nunca una entrega de dinero, sino sólo una deuda adjunta que sirve de garantía.

Esta fideyusión era una aplicación más de la yusión (*iussum*: IV 7), con la intervención, como en toda yusión, de tres personas: a la pregunta del acreedor, el fiador autorizaba "por su lealtad" (*fide sua*) la deuda de otra persona. Por su similitud con la estipulación, de este acto nacía para el acreedor, contra el fiador, una acción como contra los adpromisores, pero siempre de objeto indeterminado, pues se refería, no a lo prometido por el deudor, sino a lo que debiera el deudor, que podía no ser lo mismo que lo prometido, por ejemplo, si ya se había pagado parte de la deuda.

La **garantía personal** de la fianza es algo fundamental y de aplicación general en derecho romano, mucho más que la garantía real de la prenda o hipoteca (VI 12), al revés de lo que ocurre hoy. Es también una de las manifestaciones de las naturales dependencias sociales de aquella época, pues resultaba difícil realizar negocios si no se contaba con la asistencia de fiadores solventes, un poco como también ocurre hoy con la tantas veces necesaria garantía que dan los bancos; de hecho, también los fiadores romanos eran muchas veces los banqueros (*argentarii*).

6. Como se ha dicho (III 5), el magistrado, en el ejercicio de su jurisdicción, solía exigir (mediante la coacción indirecta que vimos) que los litigantes dieran estas cautelas estipulatorias para asegurar el buen orden de las reclamaciones judiciales que él debía instruir. Como tales cautelas aparecían anunciadas en el Edicto, solemos llamarlas "**estipulaciones pretorias**".

Algunas de estas cautelas servían para asegurar el resultado de un juicio. Así, ante todo, la que ordinariamente debía dar el demandado, de "pagar la sentencia", y de no actuar dolosamente durante todo el trámite judicial, como podría ocurrir, por ejemplo, desprendiéndose él de la cosa mueble reclamada, o, al revés, declarándose poseedor sin serlo para facilitar, con un litigio inútil contra él, que otra persona pudiera completar el tiempo de la usucapión (VI 14). Ya se ha hablado también de la que debe dar el procurador de un demandante, con el fin de evitar que éste volviera a entablar la misma acción contra él (V 7); otra es la que exigía el magistrado municipal en Italia de presentarse el demandado ante el pretor de Roma cuando el asunto excedía de la competencia de aquel magistrado local, etc.

7. Otras cautelas exigidas por el magistrado son para facilitar el trámite de una reclamación justa, no planteada como acción. Dos ejemplos relativos a relaciones de vecindad ilustran esta clase de estipulaciones.

La primera es la que se solicita del dueño de una finca que amenaza, con algún posible derrumbamiento de edificación o terreno, dañar a la del vecino, y que tiene por objeto indemnizar el daño eventualmente causado: es la "caución por **daño temido**" (*cautio damni infecti*, es decir, daño "todavía no causado"). Porque tal daño, al no causarlo personalmente nadie, no entraba en el ámbito del daño aquiliano (IX 3). Como siempre, la coacción pretoria era indirecta: si el dueño de la finca ruinosa no daba la caución al vecino que quería estipularla, podía éste obtener permiso del magistrado para entrar en aquella finca de la que temía el daño, y, si su dueño persistía en no darla, decretaba el pretor que la *missio in possessionem* (III 5) fuera de posesión civil, con lo que el reclamante podía llegar a usucapir la finca.

El otro ejemplo es el de construcciones que puede hacer un dueño en su terreno, pero que el vecino pretende se hacen contra una servidumbre a favor de su propia finca (VII 10). La discusión sobre la servidumbre debía tramitarse mediante la correspondiente acción, pero, como medida provisional, una vez que se hubiera "denunciado" privadamente la **obra nueva** (*novi operis nuntiatio*), el pretor ordenaba que se diera al reclamante caución de indemnizar el perjuicio que fuera injusto conforme al resultado de aquella acción; y, si no se daba esa cautela, decretaba el pretor un interdicto para la demolición de lo que se estaba haciendo. Este expediente, con el tiempo, iba a confundirse con el interdicto "por lo **construido a la fuerza o clandestinamente**", es decir, contra la voluntad del dueño, en la finca de éste o sin su conocimiento (*interdictum "quod vi aut clam"*). La denuncia de obra nueva era en defensa de una servidumbre y ese otro interdicto, en defensa de la propiedad, pero en época post-clásica, y luego en el derecho post-romano, los dos expedientes, al ser similares por su finalidad, se confundieron.

8. Otras estipulaciones pretorias sirven para asegurar una eventual reclamación. Así, las que hemos visto que el pretor exige del usufructuario (VIII 6), a favor del nudo propietario; también, las que exige del heredero obligado a cumplir un legado condicional, a favor del legatario; o, al contrario, la que exige de los legatarios que reciben legados que pueden exceder el límite de la ley Falcidia a favor del heredero, para el que esa ley reservaba la cuarta parte de la herencia (VII 10).

No sólo los magistrados, sino también los jueces podían exigir "**cauciones judiciales**" para absolver a un demandado; por ejemplo, al restituir éste algo al demandante, la de indemnizar el posible perjuicio que él hubiera causado en la integridad jurídica de la cosa restituida; o la caucion de no volver a perturbar a un vecino con la pretensión de una servidumbre inexistente, en la acción negativa de servidumbre (VIII 10).

Pero esa serie de cautelas exigidas por el magistrado o por el juez no son más que una parte de la constante presencia de estipulaciones que las personas pueden hacer para asegurarse en su derecho, incluso cuando, por tratarse de contratos, existan ya acciones nacidas de éstos que sirven para el mismo fin, aunque de manera menos eficaz, dado que la acción contractual es siempre más flexible, y por ello menos ventajosa, que la nacida de la estipulación; alguna de estas cauciones que se adjuntan a un contrato veremos a propósito de la compraventa (lecc. XII). Sobre el mutuo con estipulación trataremos más adelante (infra 11).

9. En estos casos que hemos ido viendo, la estipulación es una forma verbal, aunque generalmente se documente por escrito, de hacer nacer una obligación nueva, o, en todo caso, otra que se puede superponer a otra anterior, como veremos también respecto al mutuo (infra 11), pero la estipulación sirve también para extiguir una obligación de cualquier tipo sustituyéndola por otra nueva con idéntico objeto, con el efecto propio de la forma estipulatoria: ese acto de transformación de obligaciones sin variar su objeto se llama "**novación**" (*novatio*), pues una "nueva" obligación viene a extinguir otra anterior.

Ya el hecho de convertir en estipulatoria una obligación nacida de otro modo es una "novedad" suficiente para que haya novación; pero esta novedad puede consistir, incluso sin cambiar la forma, en la introducción o eliminación de modalidades accidentales como una condición o un término (X 7); pero también, en un cambio de la persona del acreedor o del deudor: no se trata de ceder a otra persona un crédito o una deuda, pues la obligación novada queda extinguida, y la que nace es nueva, y, en consecuencia, esta nueva carece de las garantías reales o personales que pudiera tener la extinguida; la obligación no se cede, sino que se sustituye por otra distinta con el mismo objeto, sea éste una cosa determinada o una cantidad formalmente idéntica: "la misma que se debe"; si no se identifica así, no hay novación, sino acumulación de otra deuda. En virtud del formalismo de las estipulaciones, el efecto novatorio no se daba, ni en el mutuo con estipulación (IX 7 e infra 11), ni en la adpromisión, ni en la fideyusión (supra 5): no en el mutuo con estipuación, porque ésta no tenía por objeto la deuda de mutuo sino la "misma cantidad", aunque no se acumulaba (infra 11); no en la adpromisión, porque ésta se refería a lo "prometido" y no a lo "debido"; y no en la fideyusión, porque, a pesar de referirse, ésta sí, a lo "debido", no era propiamente una estipulación, y no hay novación sin propia estipulación.

El cambio de estipulante-acreedor requiere, como es razonable, el consentimiento del antiguo acreedor que va a perder su crédito. Para ello hace falta que haga **delegación** (*iussum promittendi*) con el fin de que su deudor prometa, aquello mismo que se le debe a él, a un nuevo estipulante: sólo así puede él perder su acción contra su deudor. Pero este acto jurídico no debe confundirse con el de una nueva estipulación, de otra persona delegada por el anterior estipulante, que recibe la promesa del mismo deudor: se habla entonces de "adstipulación". En este caso, el nuevo estipulante (*adstipulator*) se hace acreedor solidario respecto al anterior, no un simple cobrador autorizado (*adiectus solutionis causa*), como ocurre cuando el único estipulante preguna al promitente si le dará o hará algo a él o a esa otra persona, en cuyo caso, esta otra persona puede cobrar válidamente la deuda pero no exigirla judicialmente: puede cobrar pero no es acreedor, pues no estipuló él.

También hay que distinguir esta delegación novatoria (como yusión que es: IV 7) del mandato de préstamo a tercero (llamado "cualificado"), que sirve como garantía personal (supra 5), pues el mandante responde ante el mandatario que presta si el prestatario no cumple su obligación de devolver: con ese fin se da contra el mandante la acción "contraria" (V 8).

La novación con cambio del promitente es la "**expromisión**" (*expromissio*). Así como la adpromisión de garantía añade un nuevo deudor, la expromisión lo sustituye, con extinción de la obligación del anterior. Para esta expromisión no se requiere permiso del deudor, que queda liberado, pues tampoco hace falta tal permiso para pagar la deuda de otro: el pago supone convenio (IX 10) del cobrador y el pagador, pero no necesariamente con el deudor por el que se paga.

10. Tanto la fianza como la expromsión novatoria, como el dar una garantía real (VI 12) por otra persona, como otros actos por los que se viene a asegurar una deuda ajena, son actos que se llaman de "**intercesión**".

El senadoconsulto Veleyano vino a prohibir que las mujeres, salvo si ellas mismas tenían un interés patrimonial en la intercesión, salieran intercesoras por deudor alguno. Pero era el pretor quien debía dar efectividad a esa disposición senatorial (II 5). Para ello, el pretor defendía, a la mujer que se había obligado como intercesora, con una excepción contra el acreedor que reclamase contra ella, pero, al mismo tiempo, para no dejar desamparado a ese acreedor que se había fiado de aquella mujer, daba a aquel acreedor una acción ficticia contra su antiguo deudor, siempre que la deuda se hubiera extinguido por expromisión. Como también podía consistir la intercesión en que la mujer hubiera intervenido como testaferro, obligándose ella como mutuaria para dar luego el dinero a otro, el pretor, en ese caso, daba otra acción ficticia para reclamar el préstamo de quien recibió efectivamente el dinero, como si fuera él quien lo hubiera recibido directamente. Gracias a estas ficciones (III 8) el acreedor podía reclamar del deudor real.

11. La estipulación podía servir también para **formalizar una dación** en préstamo mutuo, sin producir efecto novatorio (supra 9): no se extinguía la obligación nacida de la dación a causa de crédito, ni se acumulaba en ella otra nacida de la estipulación, sino que la acción única

–la *condictio*– se fundaba a la vez en la dacion de préstamo y en la estipulación (*re et verbis*). El deudor prometía, no sólo devolver la cantidad prestada, sino también pagar los intereses que se hubieran convenido, y que sólo se podían exigir, como hemos visto (IX 7), si se habían estipulado. Dado que el préstamo suele ser *fenus* con *usurae*, esta estipulación que formaliza la obligación del mutuario a la vez que hace nacer la de pagar intereses era muy frecuente.

Podía suceder, sin embargo, que el deudor se adelantara a hacer la promesa, ordinariamente documentada, por un escrito que retenía en su poder el acreedor, antes de recibir la entrega efectiva del dinero, de suerte que el promitente quedaba obligado a devolver la cantidad estipulada aunque no hubiera llegado a recibirla realmente. En su defensa daba el pretor una excepción de dolo contra el que reclamara por la estipulación sin haber dado la cantidad, pero la prueba de ese engaño podía resultarle difícil, ya que siempre es difícil probar que algo no ha sucedido. Y, para remediar esa posicion de inferioridad del que prometió sin causa real, se llegó a admitir, no sólo una excepción contra el estipulante que no pudiera probar la entrega efectiva del dinero, sino una acción extraordinaria (*querella non numeratae pecuniae*) para obligarle a devolver el documento estipulatorio que no correspondía a un mutuo real. Con esta inversión de la carga de la prueba, la estipulación, en este caso de formalizar un préstamo mutuo, dejó de ser un acto abstracto para hacerse causal, pues el estipulante se veía obligado a probar el mutuo efectivo, que era la causa de la estipulación. Pero esa ventaja para el deudor se vino a limitar con un plazo necesario, transcurrido el cual, la estipulación se hacía absolutamente abstracta, pues dejaba de admitirse contra ella la antigua excepción de dolo. En este caso, el documento estipulatorio se hacía definitivamente firme como justificante del préstamo, aunque éste no se hubiera realizado. Esto demuestra cómo la seguridad del tráfico crediticio exige de algún modo el documento abstracto, tan frecuente también en nuestra época.

LECCIÓN XII

PACTOS Y CONTRATOS

1. En el derecho privado, son muchos y muy variados los convenios o "convenciones" entre las personas. La mayor parte de los actos jurídicos son convencionales; sólo excepcionalmente, como el testamento, son unilaterales; pero ya la donación en vida requiere la aceptación del que la recibe. La convencionalidad supone acuerdo de voluntades, aunque la obligación que nace de un convenio pueda ser tan sólo de una de las partes: es una convencionalidad genética y no funcional, como es, en cambio, la de los contratos; se habla, en este sentido, del carácter "sinalagmático" de los contratos, un término griego que, en derecho griego, sin embargo, significaba la simple convencionalidad genética. El mismo trámite por el que se formaliza una controversia o "litigio", para que la resuelva un juez, se funda, como se ha dicho, en un convenio de litigar: es la "litiscontestación" (III 7).

La necesidad de un convenio entre las partes que intervienen en los actos jurídicos es constante. Actos tan distintos como una adopción, el pago de una deuda, una estipulación, un acto de transmisión de las cosas, etc., requieren un convenio. Esto resulta ya de cuanto se ha venido explicando en los capítulos anteriores; pero hay dos tipos de convenciones que merecen ahora una consideración especial: los pactos y los contratos.

2. Como su nombre indica, el "**pacto**" es un acto de apaciguamiento, de paz, como también lo es el "pago" (IX 10), por el que el deudor satisface a su acreedor y lo "apacigua". Precisamente por ser un acto de paz y no de agresión, el pacto no da lugar a una acción contra nadie, sino tan sólo una defensa contra la eventual acción de la otra parte, que es la excepción (III 9): una "**excepción de pacto**".

Este simple efecto negativo, "por obra de excepción", que es el general de los pactos, no se da en aquellos pactos que se incorporan de algún modo a un convenio contractual, pues son precisamente los que determinan el contenido de los contratos (como no ocurre, en cambio, con las daciones y estipulaciones), y quedan por ello amparados por las acciones que los mismos contratos producen. Estos **pactos "adjuntos"** de los contratos tienen, pues, un efecto positivo, no porque ellos mismos lo tengan, sino porque se integran en el efecto positivo del convenio contractual.

Cuando los filósofos dicen que es de justicia natural que "se deben cumplir los pactos", aluden evidentemente a ese efecto positivo de los pactos contractuales, pero la formulación latina "*pacta sunt servanda*" ("hay que cumplir los pactos") está impropiamente tomada de lo que decía el pretor en su Edicto: "*pacta conventa servabo*", para anunciar, no la exigibilidad de su cumplimiento, pues hubiera dicho "daré juicio", sino para anunciar que daría la "excepción de pacto".

La excepción de pacto, junto a la excepción de dolo, de la que ya se ha hablado (X 3), son las dos excepciones más frecuentes; pero el pretor acude con frecuencia a ese expediente negativo para actualizar en su jurisdicción algunas disposiciones de leyes que no hacen derecho, y de los senadoconsultos anteriores a la época de Adriano, que es cuando empiezan éstos a ser fuente del derecho civil (II 16).

3. En Roma, no todo convenio que engendra obligaciones es un **contrato**, sino que sólo recibe ese nombre aquel tipo de convenio que crea deudas recíprocas entre las partes contratantes (convencionalidad funcional: supra 1); los actos que crean deudas por una sola parte, como las daciones (IX 9) o las estipulaciones (lecc. XI) y también otros actos convencionales, no son contratos.

Los contratos más típicos e importantes son también **consensuales**, en el sentido de que, por ellos, las partes se obligan recíprocamente sin necesidad de dar algo, ni formalizar el convenio, sino por el simple acuerdo informal entre ellas, declarando su voluntad de cualquier manera, incluso, por gestos, sin palabras. Así, por ejemplo, se puede comprar una cosa sin adelantarse a pagarla, como requerían los griegos, ni recibirla de hecho, pues muchas veces puede ser una cosa que todavía no existe, como en el caso de comprar una mesa que el carpintero va a hacer de encargo; pero muchas veces se compra sin pronunciar palabras.

Esta consensualidad contractual es una singular invención del genio jurídico romano, que iba a quedar por los siglos, pero que, como sucede con otros inventos similares –por ejemplo el del testamento–, la incultura jurídica tiende a olvidar. El logro de este invento tan singular pudo deberse a que, en la práctica de dos promesas formales separadas pero recíprocas, con forma estipulatoria ambas, se llegara a considerar que la interdependencia causal de tales promesas hacía innecesaria la forma estipulatoria; las promesas, al apoyarse causalmente una en la otra, pudieron despojarse de la formalidad verbal de la estipulación: la causa sustituyó a la forma (X 6).

4. Pero hay dos contratos que no son consensuales. Uno de ellos, que quizá fue el más antiguo, requería la forma de mancipación, a la que se adjuntaban unos pactos por los que se determinaba que el adquirente de la propiedad no podía quedarse definitivamente con ella, sino que debía darle un determinado destino. Este contrato de confianza es la "**fiducia**", que es un contrato formal pues exige la mancipación (VI 11). Su utilidad más frecuente era la de asegurar a un acreedor que podía retener la propiedad en tanto no se le pagara lo que se le debía.

El otro contrato no-consensual es el **depósito** (VIII 8). Es un tipo de obligación, ésta del depositario al que el depositante confiaba una cosa mueble, que procedía del campo del antiguo hurto, como si el no devolver lo depositado equivaliera a apropiarse de lo ajeno; tras la introducción de una sanción pretoria de esa conducta ilícita, el depósito acabó por integrarse dentro del modelo de la reciprocidad de obligaciones, pero la obligación surgía tan sólo desde que la cosa depositada hubiera sido efectivamente entregada. Se ha hablado a este propósito de que el contrato es "real" porque la obligación del depositario no nace del consentimiento sino de la recepción de la tenencia de la cosa mueble, pero algo parecido ocurre en contratos consensuales como el de arrendamiento, en el que algunas obligaciones dependen de la efectiva cesión del uso de la cosa arrendada.

La responsabilidad del depositario era generalmente mínima, por el dolo o engaño en la no-devolución, y, a su vez, el depositante debía indemnizar todos los gastos causados por su depósito, como sucede con el gestor de negocios (V 7).

Con la nueva acción "contractual" del depósito se llegó a admitir el depósito de dinero: el "depósito irregular", del que ya se ha hablado en VIII 8.

Otro tipo especial de depósito es el "secuestro" (VIII 6), en el que sólo un evento posterior determina cuál de los dos o más depositantes podrá reclamar la devolución de la cosa depositada.

5. Después del contrato formal de fiducia, que procedía de la antigua *mancipatio* con transmisión no-definitiva, y del depósito, que procedía del ámbito delictual, figuraban en el Edicto del pretor los cuatro contratos consensuales, por este orden: **mandato**, **sociedad**, **compraventa** y locación-conducción, es decir, **arrendamiento**. Los dos primeros son contratos de "confianza" entre los contratantes, y cesan con la muerte o incapacitación de cualquiera de éstos; los dos últimos son contratos de intercambio patrimonial con interés contrapuesto, cuyas obligaciones se transmiten a los herederos de los contratantes.

A priori, se puede decir que cuando dos personas quieren crear entre ellas un vínculo recíproco de obligación, caben sólo tres **arquetipos**, de los que pueden derivar otros tipos secundarios o mixtos. El primero es el de sustitución de una persona con subordinación del sustituto respecto al sustituido: éste es el modelo del mandato. El segundo es el de unión personal para obtener un fin de interés común: éste es el modelo de la sociedad. El tercero es el cambio de cosas entre dos personas: éste es el modelo de la compraventa y del arrendamiento.

Del mismo modo que el hurto es el prototipo de los delitos civiles y el mutuo es el de las daciones, la compraventa es el prototipo de los contratos. Para el antiguo orden civil, el mandato se enfocaba como una modalidad de representación procuratoria (V 7) y la sociedad se relacionaba con el condominio (VI 8), en tanto el arrendamiento se asociaba al contrato principal de compraventa, que era también la justa causa más frecuente para la usucapión.

Como del mandato y de la sociedad se ha tratado ya a propósito de las mencionadas instituciones con las que se hallan conexas, hablaremos ahora de la compraventa y de arrendamiento.

6. Aunque hemos dicho que el mandato y la sociedad se caracterizan por ser contratos de confianza, éste es un rasgo en cierto modo común a todos los contratos; ya la fiducia lo muestra por su mismo nombre, pero en ella, como también en el depósito, la confianza es principalmente la que tiene quien da la propiedad, en la fiducia, o entrega la mera tenencia, en el depósito, respecto a quien recibe, en tanto en los contratos consensuales la confianza es más claramente recíproca. De todos modos, algo común a todos ellos es que, al engendrar acciones recíprocas, se fundan en la llamada "buena fe", que es precisamente la lealtad recíproca.

La **fidelidad** –*fides* sin más– es la lealtad a la palabra que se da para conseguir la confianza de otra persona, que, de uno u otro modo, va a depender de quien "le da la palabra". Este concepto es general para todos los actos jurídicos, aunque, en los actos formales, la *fides* queda integrada en la misma formalidad de las palabras rituales. En los actos no-formales, como ocurre en las daciones con convenio de restitución, la *fides* es el fundamento del acto; por eso se habla de "fiarse" (*fidem sequi*) en la dación en mutuo, que carece de forma, pero no en la estipulación, donde la promesa es formal.

Como los actos no-formales son los propios del derecho de gentes (*ius gentium*: I 14), la *fides* pertenece a ese orden jurídico internacional, como era ya central para las relaciones públicas de los Romanos con otros pueblos: la proverbial *fides Romana* de la palabra dada por el general vencedor al hacer la paz con el enemigo vencido. La compraventa es, por servir al comercio con otros pueblos, un prototipo de *fides*, en contraposición con la *mancipatio*, acto formal exclusivo de los Romanos.

7. La expresión "**buena fe**" (*bona fides*) concreta el concepto de *fides* en el sentido de la reciprocidad, y por eso todos los contratos son de "buena fe", pues cada contratante se fía del otro. Que se hable también de la "buena fe" del poseedor y de la usucapión consecuente, que consiste en la conciencia de no perjudicar, con tal posesión, un derecho ajeno, esto parece deberse al hecho de que la posesión a causa de compra es la más importante y frecuente: la buena fe del comprador como contratante, que se ha fiado de que el vendedor no le ha vendido lo que no le pertenecía, es también la buena fe de ese comprador en cuanto retiene la posesión de la cosa comprada; por eso basta la buena fe inicial (VI 14).

Pero además de las acciones nacidas de los contratos, son también de buena fe la acción de la tutela (V 5), que implica obligaciones recíprocas entre el tutor y el pupilo tutelado, aunque no haya habido entre ellos convenio alguno, y, por otro lado, la acción para recuperar la dote (VI 4), en cuya fórmula no figuraba, sin embargo, la expresión "*bona fides*", pero sí una referencia a "lo bueno y justo", que venía a hacer posible algo común a las acciones de buena fe, que es la compensación, por obra del juez, entre las deudas recíprocas; en el caso de la dote, compensación entre el deber de restituirla y la indemnización que, por varios conceptos, podía cobrarse el marido mediante "retenciones" en el valor de la dote.

Aparte ese efecto de compensación entre deudas recíprocas causadas por el contrato, las acciones de buena fe se caracterizaban por integrar en el mismo contrato, como ya se ha dicho (supra 2), todo lo convenido en pactos adjuntos, y por la ya mencionada posibilidad de aumentar la deuda dineraria con intereses moratorios (IX 1). Es también un rasgo común de las acciones de buena fe, la responsabilidad que de los contratantes se puede exigir por su falta de diligencia en el cumplimiento de su obligación y respecto a la conservación, en su caso, de las cosas no-fungibles recibidas del otro contratante, es decir, por "**culpa**" (VI 5); excepcionalmente, la responsabilidad puede limitarse al dolo, como en el caso del depositario, o puede agravarse hasta la "custodia" (IX 5), como ocurre ordinariamente con los arrendatarios que reciben cosas muebles, o el vendedor que todavía no las ha entregado a su comprador. Esta "culpa" contractual debe compararse con la "extracontractual" o "aquiliana" (IX 3).

Estas características faltan en todas las acciones que no son de buena fe, y que se llaman "de derecho estricto" (*stricti iuris*), como es, sobre todo, la *condictio* o acción de objeto determinado, pero también la acción de la estipulacion de objeto incierto, la de los legados debidos por el heredero, y todas las acciones pretorias que no tenían como base una obligación civil de buena fe, etc.

8. La **compraventa** y el **arrendamiento** muestran ya su bilateralidad obligacional, y no sólo convencional, en su propio nombre doble de *emptio-venditio* y *locatio-conductio*. Que no hablemos en español de "locación conducción" (cfr. francés "louage" e italiano "locazione"), sino de "arrendamiento", se debe a que, en ese contrato, tomamos como principal elemento común el cobro de una "renta". Para los Romanos, en cambio, así como el "comprador" (*emptor*) es el que tiene la iniciativa jurídica del contrato –aunque pueda haber una previa oferta económica de quien quiere vender lo que le sobra–, en el arrendamiento, la iniciativa jurídica es la del arrendador o *locator*, y puede variar la parte obligada a pagar dinero. Respecto a la venta, en la misma mancipación (VI 11), que servía como venta formal de cosas mancipables, el protagonismo del acto correspondía ya al *emptor*, cuyas palabras de querer adquirir eran las necesarias, en tanto el vendedor podía asistir al acto sin decir nada. También en la entrega o *traditio*, con que se realiza la venta de las cosas ordinarias, el protagonismo es del comprador que toma posesión, y no es del vendedor, que simplemente se la deja llevar por un precio convenido.

Lo esencial en las distintas modalidades de arrendamiento era la "colocación" de algo. Si era la colocación de una cosa para que el arrendatario la usara, incluso, a veces, la "disfrutara" (VIII 6) –*locatio conductio rei*– o se "colocaba" un trabajador –*locatio conductio operarum*–, el arrendatario se obligaba a pagar una cantidad de dinero ("renta" por la cosa, o "salario" por los servicios); si era la colocación de una cosa para que el arrendatario hiciera algo en ella (reparar, edificar, transportar, etc.) –*locatio conductio operis*–, era este arrendador el que se obligaba a pagar dinero por la obra terminada que debía entregar hecha el arrendatario.

Tanto en la compraventa como en el arrendamiento, las obligaciones que no son de dar dinero son indivisibles, como obligaciones de hacer;

pero la obligación de "servicios" –de *"dare" operas*– es divisible, pues el salario se fija por cantidades de tiempo o de trabajo y no por el resultado de una obra terminada.

9. El arrendamiento presenta **semejanza** con la compraventa. Hasta tiempos recientes, el salario se ha podido considerar como "precio" de una mercancía, que eran los servicios o trabajo –todavía se habla hoy, anacrónicamente, de "mercado de trabajo"–. El arrendamiento de obra tan sólo se distingue de la compraventa porque el arrendador no pone la cosa principal, aunque sí otras cosas secundarias, como los materiales de construcción (no el suelo), o los accesorios de confección, como hilos, forros, botones, el sastre (no la tela), etc., pero el precio no es una renta periodica, sino único, como es el precio de la compraventa.

Otra similitud entre ambos contratos está en la responsabilidad de "custodia", es decir, en la asunción del riesgo de cosa mueble (IX 5), que se da tanto en el vendedor antes de la entrega al comprador, como en el arrendatario de cosa mueble o de obrar algo en ella.

En el arrendamiento de cosa es donde es más clara la **diferencia** por la obligación de devolver lo arrendado, a diferencia de la retención definitiva por el comprador, y por la periodicidad de la renta frente al pago de un precio total, aunque pueda ser "a plazos"; con todo, también el disfrute que puede tener concedido el arrendatario se parece a una compra de los frutos futuros que la cosa arrendada produzca.

En aquellos casos en los que se combinan rasgos del arrendamiento con los de la compraventa, prevalece la consideración de ésta sobre la de aquél, aunque, a veces, pueden combinarse como distintos; así, el contrato entre el que dejaba esclavos para luchar en el circo con el empresario del espectáculo se consideraba arrendamiento respecto a los luchadores que salieran con vida y compraventa respecto a los que hubieran muerto en la lucha.

La fuerza expansiva de la compraventa puede verse también en la tendencia ya antigua de aproximar a ese contrato el de **permuta**, por el que se cambian cosas sin intervenir dinero, y no es un contrato consensual, sino una dación crediticia (IX.6) contractualizada por el derecho pretorio.

Otra diferencia notable entre ambos contratos puede verse en su distinta suerte en el derecho post-romano. En efecto, así como el contrato de compraventa ha tenido una gran continuidad en la historia del derecho, el contrato de arrendamiento, en cambio, se ha disgregado en el derecho post-romano, dando lugar a contratos muy diversos, como el contrato de trabajo, el de vivienda, el de explotación rústica, de transporte, de vigilancia, de edición, de enseñanza, etc. La unidad que, en derecho romano, les daba la idea de "colocación" (*locatio*) no fue lo suficientemente clara para impedir esa disgregación.

10. La principal diferencia de la compraventa respecto al arrendamiento de cosa está en que el comprador, a diferencia del arrendatario, recibe una cosa para hacerse dueño de ella. A pesar de esto, el arrendamiento rústico **a perpetuidad**, o tiempo equivalente, aproximaba ambos contratos. Este tipo de arriendos eran frecuentes para la explotación de fincas de los municipios; las rentas obtenidas constituían una parte importante de la hacienda municipal, junto a las de otros arriendos de servicios públicos; esas rentas recibían el nombre genérico de *vectigalia*, y en el caso de las fincas se habla de poseedores vectigalistas y de su "*ius in agro vectigali*", semejante a un dominio no-civil. Un contrato similar se podía hacer para la edificación en suelo público, sobre el que se concedía, a perpetuidad o muy largo plazo, un derecho de "superficie" (VI 10), es decir, de construir, y retener el inmueble a cambio de un "solario", precio del suelo. En esos casos de arrendamientos largos, el arrendatario venía a ser parecido a un dueño, aunque pagara una renta periódica como arrendatario.

11. La obligación del vendedor no es propiamente la de "dar" el dominio, sino la de "hacer" una entrega posesoria que puede causar la adquisición del dominio o, en todo caso, hacer posible la usucapión. El vendedor no responde, pues, por no haber dado directamente el dominio al comprador, sino por el hecho de que el comprador haya sido vencido judicialmente por el que resulte ser el justo dueño de lo que aquél compró, y por no haberle ayudado en ese juicio: este suceso adverso para el comprador se llama "**evicción**", es decir, vencimiento en un juicio dominical; pero también responde el vendedor cuando no se trata de que el dominio fuera de otro, sino de que la cosa vendida estuviera gravada con algún derecho real, de usufructo, servidumbre, hipoteca, etc. Para exigir esta responsabilidad del vendedor llegó a admitirse que el comprador podía ejercer su acción contractual "por lo comprado", pero, en la práctica, esa responsabilidad quedaba precavida por estipulaciones de indemnización; dada la mayor gravedad de la evicción de fincas, solía estipularse, para ese caso, una indemnización que ascendía al doble del precio pagado; pero ese doble no tenía carácter penal, pues el vendedor podía ignorar de buena fe que vendía lo que no era suyo o estaba gravado, sino que provenía de que en la antigua mancipación en función de venta, con la intervención, desaparecida en época clásica, de un precio real en el mismo acto formal, el comprador tenía, en caso de evicción, una acción con litiscrescencia legal (IX 2) contra el mancipante; esta acción había desaparecido desde que, al introducirse la moneda, el precio había dejado de figurar en la misma mancipación convertida en acto abstracto, y, cuando se trataba de venta, se cobraba ese precio por entrega aparte, incluso diferida.

En la venta de inmuebles es donde la evicción resulta un riesgo que debe ser mejor precavido, y también en ella se dio una antigua acción civil contra el vendedor que hubiera declarado, en el acto de mancipación, una extensión mayor de la que realmente tenía la finca.

Una responsabilidad por evicción no podía darse en la permuta (supra 9), ya que el que no ha recibido el dominio no queda obligado a nada, y tampoco se libera de su obligación de "dar" el que, habiendo recibido la propiedad, no da la de la cosa que él debe dar.

12. La práctica de añadir al contrato de compraventa unas estipulaciones para asegurar la indemnización en caso de evicción se observaba también en la venta, sobre todo, de esclavos y animales, para asegurar la indemnización de la eventual aparición de **defectos ocultos** de la cosa (*vitia*), es decir, no visibles y no declarados por el vendedor. Pero, para este caso de vicios ocultos, se podía ejercitar también, a falta de estipulación, una acción para rescindir el contrato, con devolución recíproca de cosa y precio, que es la llamada "acción redhibitoria", o, a veces, otra acción para simplemente reducir el precio en proporción al defecto descubierto, que es la acción "de cuanto menos" (*quanti minoris*).

Aunque puedan añadirse a los contrato éstas y otras estipulaciones, no hay que confundirlas con los pactos, que no dan lugar a acciones distintas de las contractuales; peor aún es la confusión inglesa de decir que las leyes "estipulan" algo.

Es claro que la responsabilidad por evicción sólo se daba en la venta de cosas no-fungibles, que son las que pueden ser reivindicadas por su dueño, pero no en la venta de géneros. Hay que advertir, sin embargo, que, en la muy frecuente compraventa de géneros, éstos queden especificados por el recipiente que se determina como objeto del contrato. En el mercado ordinario, aunque se pueda diferir el pago del precio, la entrega de un número de piezas del género ya las especifica por la misma entrega, pero no es pensable la evicción de esas cosas fungibles; de ahí que, en el comercio cotidiano, la idea de propiedad no esté presente. Pero, para la venta de cantidades no especificadas por el continente o por la entrega actual, el contrato de compraventa no resulta adecuado, y se acude a la estipulación (lecc. XI) de una cantidad determinada del género.

La responsabilidad por vicios ocultos, nacida para el mercado de esclavos y animales, puede quedar sancionada, para las otras cosas, por la exigencia de la buena fe, pero subsiste siempre como posible respecto a los géneros contenidos en envases cerrados, que ocultan la calidad de su contenido.

ÍNDICE TÓPICO

ÍNDICE GENERAL

PUBLICACIONES DE LA FACULTAD DE DERECHO DE LA UNIVERSIDAD DE NAVARRA

Manuales

1. J. A. D'ORS: *Elementos de Derecho Privado Romano* (3.ª ed.).
2. AURELIO GUAITA: *Derecho administrativo* (agotado).
3. ENRIQUE GIMÉNEZ-ARNAU: *Derecho Notarial* (2.ª ed.).
4. MIGUEL SANCHO IZQUIERDO: *Lecciones de Derecho Natural* (agotado).
5. JOSÉ ZAFRA: *Teoría fundamental del Estado* (agotado).
6. LEANDRO BENAVIDES: *Economía Política General.*
7. J. A. D'ORS: *Derecho Privado Romano* (8.ª ed.).
8. JOSÉ ZAFRA: *Régimen político de España.*
9. JAVIER IRABURU: *Introducción a la economía descriptiva. I. Macro-Economía.*
10. MICHEL VILLEY: *Compendio de Filosofía del Derecho. I. Definiciones y fines del Derecho. II. Los medios del Derecho.*
11. MIGUEL SANCHO IZQUIERDO-JAVIER HERVADA: *Compendio de Derecho Natural* (2 tomos), (agotado).
12. JAVIER HERVADA: *Introducción crítica al Derecho Natural* (6.ª ed.).
13. RAFAEL GÓMEZ PÉREZ: *Deontología Jurídica* (3.ª ed.).
14. ANTONIO CARLOS PEREIRA MENAUT: *En defensa de la Constitución* (agotado).
15. FRANCISCO GONZÁLEZ NAVARRO: *Derecho administrativo español* (2 tomos).
16. JAVIER HERVADA: *Historia de la ciencia del Derecho Natural* (2.ª ed.).
17. JAVIER HERVADA: *Cuatro lecciones de Derecho Natural.* Parte especial (2.ª ed.).
18. JAVIER HERVADA: *Lecciones de Filosofía del Derecho. I. Teoría de la justicia y del derecho* (3.ª ed.).
19. PEDRO DE PABLO CONTRERAS: *Curso de Derecho Civil Navarro. I. Introducción. Parte general.*
20. JAVIER HERVADA: *Lecciones propedéuticas de Filosofía del Derecho.*

Jurisprudencia y Textos Legales

1. JOSÉ ANTONIO CORRIENTE: *Textos de Derecho Internacional Público. I.*
2. ENRIQUE PECOURT: *Derecho Internacional Privado español.* Jurisprudencia sistematizada y comentada.
3. ALFREDO GALLEGO ANABITARTE: *Leyes constitucionales y administrativas de España* (agotado).
4. JAVIER HERVADA y JOSÉ M. ZUMAQUERO: *Textos internacionales de Derechos Humanos. I. 1776-1976* (2.ª ed.).
5. JAVIER HERVADA y JOSÉ M. ZUMAQUERO: *Textos constitucionales españoles. 1808-1978.*

Colección jurídica

1. ANTONIO PÉREZ HERNÁNDEZ: *El recurso de agravios* (agotado).
2. JOSÉ JAVIER LÓPEZ JACOISTE: *El arrendamiento como aportación social* (2.ª ed.).

3. Rafael Aizpún Tuero: *La representación sucesoria en el Derecho civil de Navarra.*
4. Tomás Muñoz Rojas: *El allanamiento a la pretensión del demandante* (agotado).
5. Rodrigo Fabio Suárez Montes: *El consentimiento en las lesiones.*
6. Tomás Muñoz Rojas: *El imputado en el proceso penal.*
7. Varios: *Curso de Derecho Privado Foral Navarro.*
8. Varios: *Curso de Derecho Público Foral Navarro.*
9. Ramón García de Haro: *El salario como crédito privilegiado.*
10. Amador García-Bañón: *El beneficio de separación.*
11. Carmelo de Diego-Lora: *La posesión y los procesos posesorios* (2 tomos).
12. José Luis Murga Gener: *El arrendamiento rústico en la transmisión «mortis causa».*
13. José Zafra: *Sentencia constitutiva y sentencia dispositiva.*
14. Ezequiel Cabaleiro: *Los tratados internacionales.*
15. Rafael Echeverría: *La V República francesa.*
16. Francisco Gómez Antón: *El Consejo Foral Administrativo de Navarra.*
17. José Antonio Pastor Ridruejo: *La jurisprudencia del Tribunal Internacional de La Haya.*
18. Enrique Lalaguna: *Estudios de Derecho matrimonial.*
19. Hans Nawiasky (traducción de José Zafra): *Teoría general del Derecho* (agotado).
20. Ramón García de Haro: *La posición jurídica del trabajador subordinado.*
21. Tomás Muñoz Rojas: *La caducidad de la instancia judicial.*
22. Rodrigo Fabio Suárez Montes: *Consideraciones críticas en torno a la doctrina de la antijuricidad en el finalismo* (agotado).
23. José M.ª Martínez Doral: *La estructura del conocimiento jurídico.*
24. José González Palomino: *Estudios jurídicos de Arte Menor* (2 tomos).
25. Rafael M.ª de Balbín: *La concreción del poder político.*
26. José Zafra: *El derecho como fuerza social.*
27. Ramón García de Haro: *Régimen jurídico de la formación profesional en derecho español.* Con un anexo de legislación vigente, recopilado por Javier Fernández Micheltorona.
28. Angel Díez Roncal: *Garantías reales sobre maquinaria industrial.*
29. Eduardo Gutiérrez de Cabiedes: *La enajenación forzosa* (agotado).
30. José Antonio Doral: *La fase de seguridad en la hipoteca.*
31. Gonzalo Diéguez: *Deducción y solución de los conflictos laborales de intereses.*
32. José Rodríguez Iturbe: *El concepto de derecho en la doctrina española actual.*
33. José Antonio Doral: *La noción de orden público en el Derecho civil español* (agotado).
34. Enrique Lalaguna: *La enfiteusis en el Derecho civil de Baleares.*
35. Karl Engisch (traducción de Juan José Gil Cremades): *La idea de concreción en el derecho* (agotado).
36. Gonzalo Diéguez: *Responsabilidad directa de las prestaciones de Seguridad Social.*
37. Varios: *Estudios de Derecho civil en honor del profesor Castán Tobeñas* (6 tomos).
38. José Luis Murga: *Donaciones y testamentos «in bonum animae» en el Derecho Romano tardío.*
39. Alejandrino Fernández Barreiro: *La previa información del adversario en el proceso privado romano.*
40. Gonzalo Diéguez: *La fidelidad del trabajador en LCT.*
41. Harry Samuels (traducción de Gonzalo Diéguez): *El Derecho de los Sindicatos.*
42. Alfredo García-Bernardo: *Sistema jurídico de las Viviendas de Protección Oficial* (2 tomos).
43. Plutarco Marsá: *La mujer en el Derecho político.*
44. Plutarco Marsá: *La mujer en el Derecho civil.*
45. Andrés de la Oliva Santos: *La sociedad irregular mercantil en el proceso* (agotado).

46. Rafael Gómez Pérez: *La ley eterna en la historia.*
47. Andrés de la Oliva Santos: *La conexión en el proceso penal.*
48. Friedrich Stein (traducción de Andrés de la Oliva Santos): *El conocimiento privado del juez* (agotado).
49. Emilio Valiño: *Acciones pretorias complementarias de la acción civil de la ley Aquilia* (agotado).
50. José Antonio Corriente: *Valoración jurídica de los preámbulos de los Tratados Internacionales.*
51. Emilio Valiño: *«Actiones utiles».*
52. Sergio Cotta (traducción de Jesús Ballesteros): *Itinerarios humanos del Derecho* (2.ª ed.).
53. Eduardo Gutiérrez de Cabiedes: *Estudios de Derecho Procesal.*
54. Varios: *El sistema de medidas cautelares* (IX Reunión de Profesores de Derecho Procesal de las Universidades españolas).
55. Jesús M.ª Lobato: *La cláusula penal en el Derecho español.*
56. José Luis González Montes: *La calificación civil de la quiebra en el proceso penal.*
57. José Antonio Alvarez Caperochipi: *Derecho patrimonial de los religiosos: cuestiones civiles.*
58. Alejandro Guzmán: *Caución tutelar en Derecho Romano.*
59. José Zafra: *Poder y poderes.*
60. José Angel Torres: *La configuración jurídica del volumen de edificabilidad.*
61. Varios: *La fe pública mercantil.* Primer Seminario.
62. Modesto Santos Camacho: *Etica y Filosofía analítica. Estudio histórico-crítico.*
63. José Zafra: *Alma y cuerpo del Movimiento Nacional.*
64. Miguel Moreno Mocholi: *El precario.*
65. Alejandro Guzmán: *Dos estudios en torno a la historia de la tutela romana.*
66. Gonzalo Diéguez: *Orden público y conflictos colectivos.*
67. Domingo Ramos-Lissón: *La ley según Domingo de Soto.* Estudio teológico-jurídico.
68. Fernando de Arvizu y Galarraga: *La disposición «mortis causa» en el Derecho español de la Alta Edad Media.*
69. Francesco Olgiati: *El concepto de juridicidad en Santo Tomás de Aquino* (agotado).
70. Angel Cristóbal-Montes: *La administración delegada de la sociedad anónima.*
71. José Ortego: *Prevención de las infracciones de menores.*
72. Francisco de Asís Sancho Rebullida: *Estudios de Derecho Civil* (2 tomos).
73. Faustino Cordón Moreno: *La legitimación en el proceso contencioso-administrativo.*
74. Alvaro d'Ors: *Ensayos de teoría política.*
75. Jesús García López: *Individuo, familia y sociedad.* Los derechos humanos en Tomás de Aquino (2.ª ed.).
76. Emma Montanos: *La familia en la Alta Edad Media española.*
77. Gonzalo Rojas Sánchez: *Los derechos políticos de asociación y reunión en la España Contemporánea. 1811-1936.*
78. Teresa Giménez-Candela: *El régimen pretorio subsidiario de la acción noxal.*
79. Juan Andrés Muñoz: *La educación política como función de gobierno en el Estado.*
80. José Manuel Zumaquero: *Los derechos educativos en la Constitución española de 1978.*
81. Francisco José Herrera Jaramillo: *El derecho a la vida y el aborto* (agotado).
82. Rafael María de Balbín: *La relación jurídica natural.*
83. Varios: *El Derecho Navarro tras el Amejoramiento del Fuero.*

84. Beatriz Eugenia Sosa Morato: *La noción de derecho en «Los Seis Libros de la Justicia y el Derecho» de Luis de Molina.*
85. Pedro de Pablo Contreras: *Constitución democrática y pluralismo matrimonial* (El nuevo sistema matrimonial español).
86. Julio-Javier Muerza Esparza: *El motivo 1.º del artículo 1692 de la L.E.C. de 1881 y su evolución.*
87. Antonio García Cuadrado: *El gobierno por orden ministerial.*
88. María Concepción Pablo-Romero Gil-Delgado: *La inversión directa en el régimen de las inversiones extranjeras.*
89. José Francisco Aguirre Ossa: *El poder político en la neoescolástica española del siglo XIX.*
90. Javier Hervada: *Escritos de Derecho Natural* (agotado).
91. Javier Ferrer Ortiz: *El matrimonio canónico en el ordenamiento español.*
92. Carlos José Errázuriz Mackenna: *La teoría pura del Derecho de Hans Kelsen* (Visión crítica).
93. Sergio Cotta (traducción de Ismael Peidro Pastor): *El Derecho en la existencia humana.* Principios de ontofenomenología jurídica.
94. Rafael Domingo: *Teoría de la «auctoritas».*
95. Varios: *Estudios de Derecho Romano en honor de Alvaro d'Ors* (2 tomos).
96. Varios: *Economía y Derecho empresarial.* El reto europeo a la empresa española: Análisis interdisciplinar.
97. Ilva Myriam Hoyos Castañeda: *El concepto jurídico de persona.*
98. Renato Rabbi-Baldi Cabanillas: *La filosofía jurídica de Michel Villey.*
99. Rafael Domingo: *La legislación matrimonial de Constantino.* Servicio de Publicaciones de la Universidad de Navarra, S. A.
100. María Blanco: *El concepto de prelado en la lengua castellana. Siglos XIII-XVI.* Servicio de Publicaciones de la Universidad de Navarra, S. A.
101. Eduardo Valpuesta: *La prohibición de la arbitrariedad en el ámbito contractual privado.* Servicio de Publicaciones de la Universidad de Navarra, S. A.
102. Dolores García Hervas: *Presupuestos constitucionales de gobierno y la función judicial en la Iglesia.* Servicio de Publicaciones de la Universidad de Navarra, S. A.
103. Luis Ignacio Arechederra Aranzadi: *El consentimiento matrimonial (Comentario al artículo 45 del Código Civil).* Servicio de Publicaciones de la Universidad de Navarra, S. A.
104. José Manuel Ramírez Sineiro: *Seguridad europea y estrategia atlántica ante un mundo en cambio.*
105. Javier Hervada: *Coloquios propedéuticos de Derecho Canónico.* Servicio de Publicaciones de la Universidad de Navarra, S. A.
106. Pedro Serna Bermúdez: *Positivismo conceptual y fundamentación de los derechos humanos.*
107. Ismael Sánchez Bella: *Derecho Indiano: Estudios. I. Las visitas generales en la América española. Siglos XVI-XVII. II. Fuentes. Literatura jurídica. Derecho público.*